文世林 / 著

我国马拉松运动发展特征研究

WOGUO MALASONG YUNDONG
FAZHAN TEZHENG YANJIU

中央民族大学出版社
China Minzu University Press

图书在版编目（CIP）数据

我国马拉松运动发展特征研究 / 文世林著 . —北京：中央民族大学出版社，2022.1

ISBN 978-7-5660-1873-1

Ⅰ . ①我… Ⅱ . ①文… Ⅲ . ①马拉松跑—研究—中国 Ⅳ . ① G822.8

中国版本图书馆 CIP 数据核字（2021）第 025841 号

我国马拉松运动发展特征研究

著　　者　文世林
策划编辑　赵秀琴
责任编辑　杜星宇
封面设计　舒刚卫
出版发行　中央民族大学出版社
　　　　　北京市海淀区中关村南大街 27 号　　邮编：100081
　　　　　电话 :（010）68472815（发行部）　传真 :（010）68933757（发行部）
　　　　　　　（010）68932218（总编室）　　　（010）68932447（办公室）
经 销 者　全国各地新华书店
印 刷 厂　北京鑫宇图源印刷科技有限公司
开　　本　787×1092　1/16　印张：11.25
字　　数　140 千字
版　　次　2022 年 1 月第 1 版　2022 年 1 月第 1 次印刷
书　　号　ISBN 978-7-5660-1873-1
定　　价　40.00 元

前　言

马拉松运动起源于古希腊，在1896年第一届雅典奥运会上，顾拜旦设立了该项目，距离约为40公里，并保持了十几年。直到第四届伦敦奥运会上，为方便英国王室人员观看马拉松赛，特意将起点设在温莎宫的阳台下，终点设在奥林匹克运动场内，起点到终点的距离经丈量为26英里385码（42.195公里）。1920年国际田联正式将该距离确定为马拉松跑的标准距离。1984年女子马拉松被正式列入奥运会项目。

我国的马拉松赛事始于1981年的北京国际马拉松赛。在这40年的发展历程中，主要经历了三个发展阶段：① 初创发展阶段（1981—1995）：这一阶段的参赛者以专业马拉松运动员为主，且参赛人数较少，赛事数量也少，赛事的举办带有一定的政治因素。② 全民化阶段（1996—2014）：随着1995年《全民健身计划纲要》的实施，马拉松运动逐渐成为推动全民健身事业发展的重要力量，这一时期也相继推出了半程马拉松、10公里跑、迷你马拉松等项目。使得马拉松赛事走向大众化、主体化、多元化，赛事数量与参赛人数也逐步增加。③“井喷式”发展阶段（2015至今）：随着《关于推进体育赛事审批制度改革的若干指导意见》《关于加快发展体育产业促进体育消费的若干意见》《“健康中国2030”规划纲要》等文件的下发，这一时期的赛事数量及参与人数都呈现“井喷式”

增长，赛事举办地也从以经济较为发达的东部、中部为主向西部扩进。

马拉松运动的发展与许多因素有关，但笔者认为如下三个因素较为重要：①业余跑者的参与情况；②行业人才的培养和分布；③马拉松品牌所带来的城市效应。为了较为深入地探索它们与马拉松运动的关系，本书从如下三个方面进行阐述：①业余跑者是推动马拉松运动发展的主体。目前，关于业余跑者的训练、比赛、恢复、饮食、损伤处理及运动成绩等特征的研究较少，本书尝试探索业余跑者在训练竞赛过程中所存在的问题，为其提供解决思路。②马拉松运动的发展离不开各类人才的培养，人才的培养又依赖于课程资源的开发和设计。目前马拉松运动尚未引入高校课程体系，因此有必要探讨当前田径课程资源开发的现状及问题，为马拉松运动进入田径课程提供理论依据。③赛事效应不仅体现在赛事品牌，更重要的是体现在赛事为城市所带来的繁荣和发展。马拉松运动对城市旅游业的发展有不可估量的作用，因此有必要探寻马拉松赛事促进城市旅游发展的内涵和机制。具体内容详见本书的相关章节。

文世林

2021 年 6 月

目　录

第一章

优秀业余马拉松跑者训练特点分析与研究

第一节　马拉松跑赛事的发展概况

现代马拉松比赛有着120多年的历史，作为最后颁奖的项目，在奥运会比赛中占有独特的地位。马拉松运动发展至今，已经由奥运会比赛项目和城市特色马拉松赛事，逐渐演变成一种独具特色的社会运动。现在城市马拉松赛事的规模不断增大，同时参与马拉松赛事的人群也逐渐多样化，除了高水平的职业运动员，还有大量的业余跑者。在近年来马拉松运动飞速发展的主要原因有两个：一是根据马斯洛的需求理论，当社会经济发展到一定程度，人们较低层次的需求得到满足后，便会追求最高层次的“自我实现”。马拉松运动刚好迎合了当前人们的需求，马拉松比赛全程42.195公里，运动距离长、体力消耗巨大，对于业余跑者来说，需要3—5个小时才能跑完全程，是一项较有挑战性的运动，能较好地满足人们“自我实现”的心理需求，所以吸引了广大长跑爱好者参与。二是随着社会经济的发展、科技的进步、人民生活水平的提高，运动与健康成了大众关注的问题之一。因此，随着大众参与体育锻炼和赛事需求的增长，低消费、低碳环保的长跑成了众多健身人群的首选。

一、我国马拉松赛事逐年增加

2014年国家体育总局发布《关于推进体育赛事审批制度改革的若干指导意见》，其中提出“除举办全国综合性运动会和少数特殊项目赛事需要审批，取消其他一切包括商业性和群众性体育赛事在内的全国性体育赛事审批程序”。中国田协发布的《2017中国马拉松年度报告》中显示：2015年我国马拉松赛事举办了134场，2016年全国一共举办了328场马拉松比赛，2017年马拉松及相关运动赛事达1100场，可以看出从2015年之后马拉松赛事呈逐年增长的态势。从参赛人数上来看，2015年全国参加马拉松比赛的总人数为150万，2016年总人数近280万，到了2017年参赛人数接近500万。其中全程马拉松赛事的参赛人次最高，超过235万，其次是半程马拉松赛事，参赛人次超过134万。

从覆盖区域来看，马拉松赛事地域分布非常广泛，已经涵盖了包括西藏在内的全国31个省、自治区、直辖市，共计234个城市，并逐渐由东部沿海地区向中西部发展。从饱和程度来看，2017年美国每万人拥有21.67场马拉松赛事，而中国每万人仅有4.27场马拉松比赛。与美国相比，国内马拉松赛事场次还没有达到饱和的状态。

中国田协提出到2020年，全国马拉松规模赛事将超过1900场，中国田协认证赛事将达到350场，各类路跑赛事参赛人数将超过1000万人次，马拉松运动产业规模将达到1200亿元。综上可以看出，马拉松由以竞技体育为主导，逐渐转变为以群众参与为主体的健身运动，而且马拉松赛事场次也有很大的提升空间。

二、政府引导、社会发展激发人民参与马拉松运动的热情

2013 年国家体育总局在发表的《〈全民健身计划纲要〉实施十五年》中，总结了国务院在 1995 年颁布实施《全民健身计划纲要》后的 15 年，我国在推动全民健身的体育事业上取得的巨大成就和成功经验以及存在的问题，并宣布《纲要》确立的全民健身各项目标和任务基本完成，中国社会主义下的全民健身体系初步建成。同时对推进体育健身事业的发展做出进一步的规划和展望。

在全民健身计划的推进下，人们对健康越发重视，因此对健身和从事体育锻炼的需求逐渐增长。由于马拉松运动没有比较复杂的运动技术，门槛较低，不受时间、场地、器材、年龄、性别的限制，较为经济、安全、简单，便于普及。此外，业余选手还可以与世界顶级选手同场竞技，加上城市马拉松比赛的路线基本涵盖城市最繁华、最美丽和最有特色的地段，赛事商业化运作和媒体参与程度较高，极大地激发了城市市民和其他社会主体的积极性，符合现代人的自我需求。因此，社会和经济的发展，以及政府的号召都为马拉松赛事的开展提供了良好的基础。

三、马拉松赛事参与主体

马拉松运动对参赛者包容，业余选手与专业运动员可同场竞技。业余选手主要分为三大类：商业性跑步团体（由企业，如耐克、阿迪达斯、NB 等组织运作的跑团）、民间自发性跑步团体（由跑步爱好者自行组织

运作的非营利跑团）以及独立跑者。从参赛人数上来说，业余选手远远多于专业运动员。

因此可以说马拉松比赛参与主体是业余跑者，研究优秀全程马拉松跑者的训练和参赛情况可以为其他跑者或入门跑者提供科学锻炼的理论依据，可以了解国内马拉松赛事参与主体发展情况，进而可以更好地普及、推广马拉松运动、扩大马拉松的影响力，所以首先针对全程马拉松跑者进行研究非常必要。

本章的二、三、四节将选取北京市至少完成一次全程马拉松比赛且个人最好成绩为大众二级及以上水平的跑者。

第二节　优秀业余马拉松跑者日常训练情况

一、北京市优秀业余马拉松跑者基本情况

北京市马拉松协会正式成立于2017年9月23日，在北京市民政局登记注册，后更名为“北京马拉松协会”。北京马拉松协会属于非营利社会组织，拥有2000多名会员，定期组织教练培训、公益急救培训、公益跑步训练营、赛事主办承办协办等多项活动。北京马拉松协会的日常训练场地以高校田径场和公园为主，有北京中医药大学站、北京师范大学站、首都师范大学站、中国人民大学站、清华大学站、北京大学站、奥林匹克森林公园站、五棵松华熙站、北方工业大学站、首都医科大学站、北京工业大学站、中国传媒大学站、亦庄体育中心站、园博园站、房山站、望京站

等，覆盖了北京大部分地区。本章选取北京马拉松协会部分优秀跑者进行调查，下面从跑者的性别、年龄、训练年限、最好成绩和大众等级来介绍跑者的基本情况。

1. 跑者的基本情况特征

如表1–1所示，从性别方面可以看出，优秀业余马拉松跑者的男女比例差别很大，被调查的参与马拉松的男性跑者人数为92，占总人数的82.14%，而女性跑者人数为20，仅占17.86%。可以看出全程马拉松运动的参与者还是以男性为主。美国《2017年美国路跑赛事趋势报告》（*2017 U.S.Road Race Trends*）显示，2016年美国全程马拉松完赛人次为50.76万，其中，女性占44%，男性占56%，男性人数比例高于女性。2016 年美国半程马拉松完赛人次为190万，其中，女性占60%，男性占40%，女性人数比例高于男性。如果按照美国马拉松参赛者的性别构成情况来看，我国参与马拉松比赛的女性人数具有很大的提升空间。

年龄方面，参加马拉松运动的45—49岁中年人群比例最多，占总比例的25.00%；其次是40—44岁和35—39岁的人群，分别为17.86%和16.07%；随着年龄的增长，55岁以上的中老年群体的人数逐渐减少，可能和马拉松运动的负荷强度和负荷量太大有关，55岁以上很少有人能承受这么大的运动负荷，对于中老年来说选择徒步、太极等运动负荷较小的健身项目较为合适（表1–1）。

表 1–1 跑者个人的基本情况

项目	类别	人数	比例
性别	男性	92	82.14%
	女性	20	17.86%

续表

项目	类别	人数	比例
年龄区间	29岁及以下	14	12.50%
	30—34岁	13	11.61%
	35—39岁	18	16.07%
	40—44岁	20	17.86%
	45—49岁	28	25.00%
	50—54岁	12	10.71%
	55—59岁	3	2.68%
	60—64岁	4	3.57%
	65岁及以上	0	0
训练年限	1年以下	31	27.68%
	1—2年	47	41.96%
	3—4年	23	20.54%
	5—6年	4	3.57%
	7—9年	4	3.57%
	10年及以上	3	2.68%

总体来看，马拉松运动主要参与者是35—49岁的中年人，可能是因为中年人的工作和生活已经趋于稳定，没有太大的生存压力，在物质生活得到满足的基础上，对自己身体健康和精神生活方面比较注重。跑步可以强身健体、调节精神，同时也能扩大社会交往，比较符合中年人的需求。总的来说，马拉松项目的开展与推广是很乐观的，除了中年人群参与较多

外，年青和年长的人群也都有参与。训练年限顾名思义就是马拉松跑者较为系统、持续地参与中长跑、马拉松跑的年限，俗称“跑龄”。表1-1显示，在被调查的马拉松跑者中，训练年限在1—2年的人最多，共有47人，占41.96%；训练时间在1年以下的人数为31，占27.68%；训练年限在3—4年的人数为23，占20.54%；而训练年限超过5年的人数为11，所占比例不超过10%。分析训练年限与不同运动等级之间的差异性，结果显示训练年限与运动等级无显著差异性（F=0.44，P>0.05）；多重比较结果显示，跑步年限和各运动等级之间的差异没有显著性，可能与跑者整体年龄偏大和跑步年限普遍偏短有关。

整体上看，参与全程马拉松运动人群的训练时间偏短，多为1—2年和1年以下。调查显示，专业马拉松运动员从开始训练到表现出好成绩需要6—8年[①]，一些顶级运动员的训练年限会更长。竞技运动员的成长是一项系统的工程，运动员要想达到较高的水平，就必须进行长期系统的艰苦训练。业余优秀马拉松跑者和专业运动员跑步年限的差距非常明显，这可能与我国马拉松运动普及较晚有关，马拉松运动在我国的快速发展是从2008年北京奥运会后开始的，马拉松比赛场次的大幅度增加是从2015年开始的。在此之前，马拉松运动的普及程度较低，因此此次调查对象的跑步年限普遍偏短。

2. 跑者的大众等级和最好成绩

此次研究是根据问卷填写的个人最好成绩、性别和年龄区间来判断跑者的等级的，整理的结果由表1-2显示，大众精英级跑者共有37人，占33.04%；大众一级跑者有55人，占49.11%；大众二级跑者人数较少，为

① 谢奇. 陕西省田径运动员年龄特征的实证分析[D]. 陕西师范大学，2007.

20人，占17.86%。

从表1–2可以看出，有81.25%的跑者是在2018年创造的个人最好成绩，还有14.29%的跑者个人最好成绩是在2017年，也就是说有95.54%的跑者都是近两年创造的个人最好成绩并且2018年创造最好成绩的人远远多于2017年。

表 1–2 跑者的大众等级和最好成绩

		人数	比例
跑者大众等级	大众精英级	37	33.04%
	大众一级	55	49.11%
	大众二级	20	17.86%
最好成绩年份	2014年及以前	1	0.89%
	2015年	2	1.79%
	2016年	2	1.79%
	2017年	16	14.29%
	2018年	91	81.25%

这可能有两方面的原因：一是结合前面分析，跑者的跑步时间大多都为1—2年，跑龄较短，累计参赛次数较少；二是对于大部分跑龄较长的跑者来说，只要坚持不断训练，在身体逐渐适应的前提下，增加一定跑量和训练强度，就能使成绩不断提高。总体来说，大部分跑者的成绩提升空间还很大。

二、优秀业余马拉松跑者日常训练情况

（一）跑者日常训练负荷安排

负荷包含负荷量和负荷强度，分别反映负荷的数量和质量两方面的特征。负荷量通过练习的时间、次数、时间、组数、重量等特征表现出来。负荷强度可以通过练习的速度、远度、高度、练习的密度、准确度、节奏等来反映①。马拉松运动属于耐力性项群，通常用外部与内部指标来评价运动负荷大小，外部指标用时间、距离和次数等来计量负荷量的大小，用最大速度或最大重量或最大可重复次数的百分比来计量负荷强度的大小。内部指标中用心率、血乳酸等指标来评价负荷强度的大小，用血尿素氮等来检验负荷量的大小。

1. 每周跑步次数和每次跑步时间情况

在马拉松训练过程中，训练频率和训练量是决定训练质量的重要因素，对于业余跑者来说合理地安排跑步频次和跑步时间至关重要，跑步频次及每次跑步时间要符合自身情况，适宜的训练量才是最好的。

由表1–3可知，其中每周跑步3—4次的有63人，占调查总数的56.25%；每周跑步5—6次的有20人，占17.86%。说明大多数跑者的每周跑步频率还不错。走访中了解到一部分跑者已经养成了良好且稳定的跑步习惯。这部分跑者每周跑步有时候超过7次，有时一天跑两次，早晚各一次。他们身体素质较好，日常生活中以跑步为主，较少参与其他的活动。分析周训练次数与不同运动等级之间的差异性，结果显示周训练次数与运动等级无显著差异性（F=2.83，P>0.05）。多重比较结果显示：在周训练次

① 田麦久主编.运动训练学[M].北京：高等教育出版社，2006.

数上，精英级与一级的均值为0.58 ± 0.26，$P<0.05$有显著性差异，精英级与二级之间的差异没有显著性，一级和二级之间的差异没有显著性。

表 1–3　跑者每周跑步次数和每次跑步时长

每周跑步的次数	人数	比例	每次跑步的时间	人数	比例
1—2次	24	21.43%	1小时以下	20	17.86%
3—4次	63	56.25%	1—2小时	87	77.68%
5—6次	20	17.86%	2—3小时	3	2.68%
不规律	5	4.46%	3小时以上	2	1.79%

跑者通常在规定的跑步地点以跑圈的方式来进行活动，会根据自身身体状况来控制跑步时长。体育锻炼持续时间长短影响身体锻炼的效果。有研究表明，机体每次运动时间在30分钟以上才会有强身健体的效果。从每次跑步的时间上来看，当前马拉松跑者每次跑步的时间在1—2小时的人数占总数的77.68%；其次是跑步时长在1小时以下的人数，占17.86%；锻炼时间在2小时以上的人数较少。调查得知跑步时长在1—2小时的人群，主要是跑龄为1—2年的跑者，每次跑步的距离在10—15公里，并且随着跑龄增加，跑步距离和跑步时长也在逐渐增加。这部分人群已经形成了跑步习惯，相比于初级跑者，其跑鞋、墨镜、智能手表等运动装备拥有率更高。活动时间超过2小时的主要是跑龄2年以上的跑者，以男性跑者居多。这部分跑者的跑步年限较长，身体能承受大负荷的运动量，因此每次跑步时间较长。对于这部分跑者来说，他们已经把跑步当成了一种生活方式，在跑步上投入的时间和花费较多。总的来说，跑步活动时间的长短和跑龄呈正相关，跑龄越长，每次跑步时间就越长。

2. 大强度训练安排情况

大强度训练主要是通过改善肌肉末梢组织状况，提高运动员有氧代谢水平以及消除乳酸的能力，适应比赛的内环境变化的能力即耐乳酸能力，从而实现提高运动员的专项比赛能力的目的（如：类似心率较高、休息时间较短的间歇跑）。调查中了解到在进行大强度训练时，大多数跑者主要采用400米、800米、1000米间歇跑来提高训练强度。

由表1–4可以看出，大多数跑者一周进行一次高强度训练，占总数的48.21%；有20.54%的跑者会在3—4天内进行一次大强度训练；可见，大部分跑者对于高强度训练还是有一定的认识和了解的。但是，还有12.50%的跑者几乎不进行大强度训练，访谈过程中了解到一小部分跑者有高强度训练的承受能力，但是自身不喜欢高强度训练带来的冲击性，因此不进行高强度训练。但是适当的高强度间歇训练是非常有必要的，在比赛过程中参赛者各方面的身体机能都处在极限状态，平时的低强度训练让跑者无法切身体会比赛强度，很可能导致在激烈的比赛中无法及时适应，不但不利于取得好的比赛效果，还可能会突然在比赛中出现不适甚至受伤。

表1–4　大强度训练安排情况

大强度训练频率	人数	比例
3—4天一次	23	20.54%
1周一次	54	48.21%
2周一次	9	8.04%
3周一次	5	4.46%
4周以上一次	7	6.25%
很少，几乎不	14	12.50%

3. 跑者的全年、月、周跑量及单次训练最大跑量

由表1–5可以看出，有45.54%的跑者全年跑量在1800公里及以下；有35.71%的跑者年跑量在1900—2700公里；有17.86%的跑者年跑量在2800—3600公里；年跑量在3700—4500公里的跑者非常少，只占0.89%。分析全年跑量与不同运动等级之间的差异性，结果显示全年跑量与运动等级之间有显著性差异（F=3.30，P<0.05），多重比较结果显示：在年跑量上，精英级与二级的均值为372.57±145.80，P<0.05，有显著差异，精英级和一级无显著差异，一级和二级之间的差异没有显著性。

跑者最大月跑量在150—200公里的比例最大，为30.36%；其次为200—250公里，占总数的27.68%；月最大跑量为250—300公里和150公里的跑者各占16.96%和15.18%。分析月跑量与不同运动等级之间的差异性，结果显示月跑量与运动等级之间无显著差异（F=2.72，P>0.05）。多重比较结果显示：在月跑量上，精英级与二级的均值为45.44±19.50，P<0.05有显著差异，精英级和一级无显著差异，一级和二级之间的差异没有显著性。

表1–5　马拉松跑者跑量安排

	跑量	人数	比例
全年跑量	1800公里及以下	51	45.54%
	1900—2700公里	40	35.71%
	2800—3600公里	20	17.86%
	3700—4500公里	1	0.89%
月最大跑量	150公里以下	17	15.18%

续表

	跑量	人数	比例
月最大跑量	150—200公里	34	30.36%
	200—250公里	31	27.68%
	250—300公里	19	16.96%
	300—500公里	11	9.82%
周最大跑量	50公里以下	34	30.36%
	50—60公里	28	25.00%
	60—70公里	21	18.75%
	70—80公里	19	16.96%
	80—100公里	10	8.93%
单次训练最大跑量	15公里以下	19	16.96%
	15—25公里	28	25.00%
	25—35公里	56	50.00%
	35—42公里	9	8.04%

最大周负荷量超过80公里的人数较少，只占调查人数的8.93%；周跑量在60—80公里的人数占35.71%；60公里以下人数最多，占55.36%。跑者单次训练最大跑量在25—35公里的人数最多，占50.00%；其次是15—25公里，占25.00%；还有16.96%的跑者单次训练在15公里以下；单次训练最长距离为35—42公里的人数最少，只占8.04%。马拉松的一般耐力为40—50公里，专项耐力为30—35公里，部分跑者的单次训练负荷量偏小，不利于发展跑者的一般耐力。由于马拉松比赛距离为42.195

公里，单次训练距离与比赛距离差距太大，跑者在比赛中可能出现无法适应的情况，影响后半程的发挥。分析单次训练最大跑量与不同运动等级之间的差异性，结果显示单次训练最大跑量与运动等级之间无显著差异（F=0.79，P>0.05），多重比较结果显示：单次训练最大跑量和各运动等级之间的差异没有显著性。

（二）跑者日常训练内容安排

1. 不同地形上的技术训练

马拉松运动是在公路上长时间保持较高平均速度的运动项目，马拉松跑的技术要求一是经济性高；二是适合长时间的公路跑；三是能够应对各种地形（上坡、下坡、转弯、折返）上的跑的技术。

由表1–6可以看出，有58.93%的跑者没有进行不同地形上的跑步技术训练，笔者在与跑者的接触过程中发现，大多数跑者的训练方式、手段比较单一，多为长时间预定强度的持续跑，可能与跑者长期以来的习惯和对马拉松训练的理解较片面有关。目前大多数跑者较重视体能训练，容易忽视跑步技术训练。由于马拉松的比赛距离为42.195公里，合理经济的跑步技术能减少不必要的能量消耗，节省体力，因此进行专门的技术训练非常重要。

表 1–6 不同地形上的跑步技术训练

不同地形的技术训练	人数	比例
上坡跑	39	34.82%
下坡跑	26	23.21%
转弯跑	13	11.61%
折返跑	9	8.04%
没有	66	58.93%

进行上坡跑、下坡跑训练的人数较多，分别占34.82%、23.21%。在进行上坡跑和下坡跑练习时，由于身体会受到额外的冲击，所以应尽量选择在草地或土地比较松软的地面进行。上坡跑主要发展下肢的前摆和蹬地力量，跑的过程中注意控制速度不要过快，集中力量“扒地”跑上斜坡或快速蹬离地面跑上坡。因为要克服自身体重，所以练习过程中应注意控制身体向上、向前移动。下坡跑主要是提高后摆折叠动作速度，由于下坡跑时身体承受的负荷很大，所以下坡跑练习要比上坡跑更注意循序渐进。可以学着身体稍前倾或坚持脚尖向前迈，利用重力推动身体下坡，开始身体会有失去控制的感觉，经过一定练习后会逐渐适应。

专门进行转弯跑和折返跑的人数最少，只占总数的11.61%和8.04%。除了上坡跑和下坡跑之外，跑者还应练习向左、向右的转弯跑和折返跑技术，并注意培养跑进过程中服用饮料的能力，避免在比赛中因转弯、折返和服用饮料而破坏了跑和呼吸的节奏。

2. 交叉训练及其占总训练内容比例

有氧交叉训练是促进身体恢复、避免运动损伤和提高有氧能力的另外一个有效方法。有氧交叉训练通过降低肌肉、肌腱、韧带和骨骼在运动中受到的冲击力，从而降低运动损伤的可能性；通过降低周训练负荷、交替变化训练环境和条件来维持身体健康、加速机体恢复。

由表1–7可以看出，除日常跑步训练外，跑者参与的交叉训练内容多种多样。其中力量训练的比例最大，占67.86%，表明参与调查的马拉松跑者大多数比较重视力量训练。其次是骑行、越野跑、游泳，分别占总数的36.61%、29.46%、24.11%；这可能与有些跑者同时也参与铁人三项运动有关。球类项目、爬山攀岩、瑜伽有氧健身操、跳绳和其他各占18.75%、14.29%、17.86%、10.71%、9.82%。

表 1–7　交叉训练及其占总训练内容比例

		人数	比例
交叉训练内容	游泳	27	24.11%
	骑行	41	36.61%
	越野跑	33	29.46%
	球类项目	21	18.75%
	力量训练	76	67.86%
	爬山、攀岩	16	14.29%
	瑜伽、有氧健身操	20	17.86%
	跳绳	12	10.71%
	其他	11	9.82%
占总训练内容比例	0	1	0.89%
	1% — 5%	19	16.96%
	6% — 10%	31	27.68%
	11% — 15%	20	17.86%
	16% — 20%	17	15.18%
	20% 以上	24	21.43%

交叉训练占平常训练的比例在1% — 5%、11% — 15%、16% — 20%、20% 以上之间的分布较均匀，各选项之间差距较小；相对多一点的跑者日常交叉训练的比例为6% — 10%，占27.68%；只有0.89%的跑者日常只有

跑步训练。可见，大部分跑者除了跑步外，也会积极选择其他训练方式。

3. 力量训练部位

马拉松训练中，一味地通过跑来发展运动员的各项身体素质和能力的观念在近年来已经有所变化。对于训练水平较高的跑者来说，随着成绩的提高，应重视专项性身体素质练习，需要通过多种方法和手段发展自身的体能素质，而不仅通过跑这种单一的方式。在马拉松训练中必须采取有效的、专门的"力量"训练方法与手段提高运动员的下肢支撑力量、耐力肌群和各关节力量耐力，以便发展符合马拉松跑技术特点的肌群力量，保持稳定合理的技术动作，降低受伤风险。

女子马拉松教练员认为运动员力量安排的重点是核心区域（主要是腹部，下背部，骨盆部肌群及其深层一些小肌肉群力量练习）、膝、踝、腰背、腹背肌；腿部力量和上肢力量；支撑关节力量、肩带肌、髋关节等力量训练①。可以看出，教练员对于运动员的下肢小关节、核心区域力量、腿部力量最为重视，同时对上肢力量的发展也较为重视。

由表1–8可知，业余优秀跑者比较重视腿部和腰腹部的力量训练，其次是臀部、上肢、膝关节、踝关节和综合力量，不太注重肩部、背部、髋关节、跟腱、小肌肉群的力量。说明多数跑者对于较大肌肉群的训练多，而对于在马拉松训练中一些起关键作用部位的小肌群力量重视不够。

---

① 焦芳钱，刘大庆，王林. 中国女子马拉松项目特点及训练规律研究[J]. 北京体育大学学报，2014，37（2）：131–137.

表 1–8 力量练习部位

练习部位	人数	比例	练习部位	人数	比例
上肢	42	37.50%	腿部	88	78.57%
肩部	17	15.18%	膝、踝关节	37	33.04%
背部	22	19.64%	跟腱	20	17.86%
腰腹部	71	63.39%	综合力量	39	34.82%
髋关节	27	24.11%	小肌肉群	13	11.61%
臀部	49	43.75%	其他	0	0

在跑步过程中，由于承受自身体重，在重复运动中产生的冲击力集中在关节、肌肉、连接组织（骨、韧带、跟腱和软骨）。所以，加强下肢力量很有必要。但是对于业余跑者来说，躯干和上肢力量不像其他练习部位，能给成绩带来显著提高，他们也比较容易忽略上肢和躯干力量。而强大的躯干和上肢力量有助于提高呼吸效率，改善核心部位的稳定性，减少躯干和上肢不必要的能量消耗，提高跑步的经济性。因此，加强躯干和上肢力量也很重要。

除此之外，还需要重视小肌肉群的力量。在一个跑步动作中，单腿支撑时期的动作结构包括落地、缓冲、蹬地三个过程，这些动作都需要大小肌群协调用力完成。如果小肌肉群力量薄弱将会导致软组织和其他相关组织（骨和韧带）容易造成损伤。因此，对马拉松跑者来说，进行全面训练是非常重要的，小肌肉群、躯干和上肢力量训练是全面训练的一个有益补充[①]。

对于跑者来说，进行力量练习可以在一定程度上降低运动损伤的概率。但是要注意，在大强度的跑或力量训练过程中，要及时、准确地判断自身的疲劳程度。为了避免受伤要将一些恢复性练习和跑的训练、力量训练结合在一起，需要注意当跑的训练负荷增加时，相应的力量训练强度应有所下降。

第三节 优秀业余马拉松跑者训练安排及参赛情况

一、北京市优秀业余马拉松跑者全年训练计划、时间安排

由表1–9可知，全年参赛1—2次的人数最多，占38.39%；其次是比赛次数为3—4次的人群，占35.71%，结合笔者的访谈可以看出大部分跑者的参赛次数较合理。每年参赛次数为5—6次的跑者占总人数的14.29%，每年参加全程马拉松比赛7—8次和9次及以上的跑者，分别为6.25%、5.36%。

① （美）凯文·贝克主编.跑得更快——耐力项目科学化训练[M].尹军，译.北京：北京体育大学出版社，2011.

表 1-9 优秀业余跑者参赛及赛前训练安排情况

		人数	比例
全年参赛次数	1—2次	43	38.39%
	3—4次	40	35.71%
	5—6次	16	14.29%
	7—8次	7	6.25%
	9次及以上	6	5.36%
训练计划	赛前不训练	10	8.93%
	保持以往训练	39	34.82%
	会专门安排	63	56.25%
训练时间	很少或无	6	5.36%
	1个月以下	27	24.11%
	2个月	38	33.93%
	3个月	30	26.79%
	4个月及以上	11	9.82%
恢复时间	1周	62	55.36%
	2周	33	29.46%
	3周	7	6.25%
	1个月	9	8.04%
	2个月以上	1	0.89%

分析年比赛次数与不同运动等级之间的差异性，结果显示年比赛次数与运动等级有显著差异（F=5.78，P<0.05），多重比较结果显示：在比赛次数上，精英级的均值与一级的均值（0.90 ± 0.44），P<0.05，与二级的均值（1.95 ± 0.58），P<0.05均有显著差异，一级和二级之间的差异没有显著性；可能对于精英级跑者来说，因为训练时间长，累计训练较多，身体所能承受的训练强度较高，恢复时间也比新手和偶尔训练的跑者要短，所以参赛次数多。

马拉松运动不同于其他运动项目，一般赛前训练时间较长，专业运动员的赛前训练多为3—4个月。笔者在与跑者的接触和交流中发现，多数跑者对于参加比赛没有合理的规划，会较频繁地参加比赛。可能的原因有:（1）对于跑步持续时间较长的跑者来说，除了追求健康外，还有不断创造个人最好成绩的目的，而这一目的促使部分跑者频繁地参加比赛；（2）由于马拉松的日常训练比较枯燥，而一些业余跑者的训练方法手段也比较单一，容易出现训练情绪低落、厌烦等消极情绪。到陌生、不熟悉的环境中去参加比赛，能调动跑者的情绪和积极性、缓解压力，因此部分跑者会为了调整情绪和状态而频繁地参加比赛。

北京马拉松协会教练认为，对于业余跑者来说，全年参加比赛的次数不宜过多，大部分跑者多为空闲时间训练，因此赛前训练至少需要2个月，在一次比赛前后各需要有2周左右的调整。

综上，对于业余跑者来说，想要在比赛中取得良好成绩，就要进行赛前训练，一般一个训练周期至少要维持在3个月。尽管有些选手身体素质好、恢复快，但跑一次全程马拉松对身体还是有一定损伤的，因此，参赛次数不宜过多，应该合理安排每年的参赛次数。由表1–9可以看出，有91.07%的跑者会进行赛前训练，只有极少数的跑者没有赛前训练安排。但是会专门安排赛前训练的人只占56.25%，有34.82%的跑者不会专门安排赛前训练，而是保持以往的训练，由此可见目前部分跑者赛前训练的针对性不强。

从表1-9可以看出，跑者赛前训练时间为2个月的跑者占比较大，为33.93%；其次为3个月，占总数的26.79%；一个月以下和4个月及以上的分别占24.11%、9.82%；很少或无赛前训练的跑者较少，只占5.36%。国内优秀女子马拉松教练员认为赛前训练时间应在3—4个月，赛后恢复期为3—4周，多数教练员认为全年参加2—3次比赛较好。由于业余马拉松跑者在参赛目标方面与专业运动员有差异，他们的赛前训练时间可适当缩短。此次调查的对象赛前训练时间在2个月及以上者约占70%，说明大部分跑者的赛前训练时间安排比较合理。

从表1-9还可看出，大部分跑者赛后的恢复时间为1—2周，占总数的84.82%；3周和一个月的跑者分别占6.25%、8.04%。可以看出跑者恢复时间普遍偏短。由于参加一次马拉松比赛的消耗非常大，专业运动员的恢复时间一般为3—4周，而与专业运动员相比，业余跑者缺乏长期、系统、科学的专业训练，因此可能需要更长的恢复时间。

二、北京市优秀马拉松跑者赛前训练安排

田麦久在周期训练理论中将赛前训练称为“赛前中短期集训阶段”，是指为了参加比赛而进行训练准备的时期，其目的是使运动员通过赛前训练在比赛中充分发挥其竞技能力，创造理想的成绩[①]。赛前训练是对全年

---

① 田麦久主编.运动训练学[M].2版.北京：人民体育出版社，2000.

训练的一个整合，其目的是把运动员长期训练过程中所获得的各方面的竞技能力，集中到专项竞技所需的方向上，使其在比赛期间获得最佳竞技状态，表现出最佳的竞技能力。调查中了解到马拉松跑者为了打破个人的最高纪录，同时检验自己的训练效果，会积极地参加比赛，同时为了在比赛中有良好的发挥，跑者在赛前会进行训练来储备体能，让身体机能适应比赛的要求。

（1）赛前训练的跑量安排。

由表1-10可知，跑者赛前月跑量在150公里以下、150—200公里、200—250公里、250—300公里、300—500公里的人各占15.18%、30.36%、27.68%、16.96%、9.82%。月跑量在150—200公里和200—250公里的人数较多，跑者之间月跑量差距较明显。可能和跑者训练时间有关，一部分跑者跑步时间短，身体承受的负荷量有限，另外一些跑者跑步时间较长，养成了较好的锻炼习惯，身体适应能力较强，可以承受较大的跑量。另外一个重要原因是：由于大部分跑者都是工薪阶层，工作时间较长，所以并没有太多时间进行训练。

表 1-10　跑者赛前月跑量

	跑量	人数	比例
月跑量	150公里以下	17	15.18%
	150—200公里	34	30.36%
	200—250公里	31	27.68%
	250—300公里	19	16.96%
	300—500公里	11	9.82%

（2）赛前调整周的减量安排。

竞技能力状态的培养来自减负荷训练，其减负荷的方式、减负荷的组合在减负荷训练中是极其重要的。专业运动员多采用“线性趋势”“指数型趋势”“阶梯型趋势”三种方式，减负荷时间有10天、15天等。

我国优秀女子马拉松运动员的强度划分标准如表1–11所示。周春秀赛前减负荷时间为14天，负荷量和强度均呈逐渐下降，负荷量呈指数型减量趋势，即训练量在几天时间内逐渐下降，在赛前调整期的第1天和第6天达到最大的38公里，以接近比赛强度进行模拟训练，随后均为中小强度课以确保机体的恢复。朱晓琳的赛前调整期为12天，采用降低训练量维持训练强度的方式调整竞技状态，调整期强度维持在85%，训练量下降近40%，每周均有一次大强度训练；白雪赛前调整期为8天，负荷量和负荷强度均有下降，但都有安排大训练量和大强度训练课，负荷节奏呈波浪形，确保机体恢复的同时维持竞技状态[①]。赛前调整期，为了将自己调整到最佳竞技状态，根据个人的特点和身体状况，每个运动员使用的方式均有所不同，但普遍都有减量的安排和大强度训练刺激。赛前调整期的训练内容与之前没有太大变化，且均会安排一般的身体练习和放松跑以促进恢复。

表1–11　我国优秀女子马拉松运动员的强度划分标准

训练目的	训练强度	主要训练方法
积极恢复	1区（小于80%AT）	长时间匀速跑
提高脂肪供能，促进心脏、肌肉的耐力性发展	2区（80%—90%AT）	长时间匀速跑、递增跑

① 杨细文．我国优秀女子马拉松运动员赛前训练安排研究[D]．首都体育学院，2017.

续表

训练目的	训练强度	主要训练方法
提高糖脂协调供能，促进心脏、肌肉的耐力性发展	3区（90%—95%AT）	长时间匀速跑、递增跑
无氧阈训练，专项能力训练	4区（95%—100%AT）	匀速跑、间歇跑
最大摄氧量、耐乳酸能力训练	5区（100%—105%AT）	匀速跑、间歇跑、法特莱克跑
改善运动末梢组织及专项能力，提高冲刺能力	6区（105%AT以上）	重复跑、法特莱克跑

由表1–12可知，有71.43%的跑者将周最大训练负荷安排在赛前第3—4周；有16.96%的跑者选择将最大负荷安排在赛前第1—2周；只有10.71%的人最大负荷周是赛前第5—6周。专业运动员一般是在赛前8—14天才开始减量，与专业运动员相比业余跑者的恢复能力较弱，因此最大负荷周安排在赛前第2—3周较合适。

一般来说，最大训练负荷周之后就要进行减负荷安排，跑者选择减强度、维持一定训练量的人占24.11%；减量维持训练强度的人占总数的32.14%；既减强度又减量的人稍多一点，占总数的39.29%；强度和训练量都不减的人数最少，只占4.46%。赛前继续保持训练量和训练强度，容易造成疲劳，不利于跑者在比赛中的发挥。建议赛前调整时应保持70%左右的训练强度，减少部分训练量，同时中间穿插1—2次大负荷训练，注意放松和恢复训练。

表 1-12　跑者赛前调整期的安排情况

	赛前调整	人数	比例
最大负荷周	赛前第1—2周	19	16.96%
	赛前第3—4周	80	71.43%
	赛前第5—6周	12	10.71%
	赛前第7—8周	1	0.89%
负荷安排	减强度，维持一定训练量	27	24.11%
	减量，维持一定强度	36	32.14%
	既减强度又减量	44	39.29%
	基本都不减	5	4.46%

三、北京市优秀业余马拉松跑者的参赛情况

（1）比赛前的热身时长。

运动前的热身活动可以调整中枢神经系统的兴奋水平，协同内分泌系统调控全身各内脏器官，使机体承受大负荷强度的运动：可以降低肌肉的黏滞性，增加肌肉弹性，防止拉伤，促使肌肉进行收缩活动，增加局部和全身温度，促进血液循环，使身体各系统做好运动的准备，从而降低运动损伤的可能性。此外，充分的准备活动还能推迟“极点”的出现和减弱“极点”的反应。

表1-13为马拉松优秀业余跑者在参加比赛前的热身活动时间，有60.71%的跑者热身时间为10—25分钟；热身时间在25—40分钟的跑者最少，只占8.93%；还有30.36%的跑者的热身时间在10分钟以下，此次调查没有跑者热身时间超过40分钟。

表1-13　跑者赛前热身时间

赛前热身时间	人数	比例
10分钟以下	34	30.36%
10—25分钟	68	60.71%
25—40分钟	10	8.93%
40—60分钟	0	0
60分钟以上	0	0

我国女子马拉松运动员赛前的准备活动时间为40—50分钟，其中各关节活动10分钟，热身跑20分钟，变速跑5分钟，拉伸准备15分钟，准备活动结束时距比赛时间15分钟①。跑者热身时间多为10—25分钟，甚至还有近三分之一的跑者热身时间不超过10分钟，总体来看，跑者赛前的热身时间有点偏短，建议跑者根据自身情况提前制订比赛当天的行程安排，留出30分钟左右的热身时间，以避免由于热身活动不充分，出现损伤情况。夏季温度较高，热身时间可以适当缩短；冬季由于温度较低，可适当增加热身时间。

① 焦芳钱.我国女子马拉松运动员年度训练理论研究[D].北京体育大学，2009.

（2）比赛中最吃力的段落。

如表1–14，有49.11%的跑者认为在35公里—终点的这一段落最为吃力；其次是30—35公里，占总数的41.07%；两者占总人数90%以上，表明对于大多数跑者来说，最吃力的还是30—35公里和35公里—终点这两段路程。主要原因是：全程马拉松本身比赛距离过长，到了后面的比赛路程时，身体疲惫、体内能源物质耗尽，所以比较吃力；其次与跑者日常训练安排有关，此次调查有50%的跑者耐力训练距离是25—35公里，赛前训练中单次训练距离在35—42公里的人数较少。

表1–14　跑者比赛中最吃力的段落

比赛中最吃力的段落	人数	比例
10—15公里	2	1.79%
15—20公里	1	0.89%
21—25公里	1	0.89%
25—30公里	7	6.25%
30—35公里	46	41.07%
35公里—终点	55	49.11%

笔者在访谈过程中了解到对于大多数跑者来说赛前训练过程中都会安排长距离训练，来加强自身马拉松专项耐力训练。由于业余马拉松跑者在35公里左右容易出现因体力透支导致速度大幅度下降的情况，因此，对于较大负荷量的重要课次安排，要适当突出30—35公里段落的训练，甚至更长距离的持续跑训练，以逐步提高后程跑的能力，从而提高跑者的耐力水平，为比赛打好基础。

（3）比赛中的体能分配情况。

优秀运动员的速度分配主要分为先快后慢型、先慢后快型、平均型这三种类型。平均型运动员的速度变化幅度较小，每5公里的速度和第一个5公里的速度相比，上下波动不超过3%，平均型是最节省体力的跑法。速度较好的运动员会选择先快后慢型，适用于创造最好成绩，但因为开始速度快，体力消耗过大，后程体力不支可能导致无法完赛。选择先慢后快型有可能会出现跑完全程仍有余力，从而影响运动员创造最好成绩。

表1–15为跑者在比赛过程中的体能分配情况，选择全程匀速跑的跑者最多，占总数的49.11%；其次是选择先快后慢的跑者，占25.00%；选择先慢后快的人占16.07%；选择随意跑的人数最少，只占9.82%。影响马拉松运动成绩最主要的因素是体能水平和配速合理程度，运动员的体能水平在长期训练过程中得到提高，并在比赛中表现出来；合理地分配速度也在比赛中起关键性作用，跑者应根据自身的情况，选择适合的体能分配模式，以便创造个人最好成绩。

表 1–15 跑者比赛中的体能分配情况

体能分配情况	人数	比例
先快后慢	28	25.00%
先慢后快	18	16.07%
匀速跑	55	49.11%
随意跑	11	9.82%

（4）赛后的恢复性训练安排。

疲劳是训练后的正常生理反应，即便是专业运动员在大负荷训练后也会出现不同程度的肌肉酸痛。疲劳也是进行恢复和提高运动能力的前提，训练后合理地安排恢复训练，采取有效的恢复措施，能促进运动员的机体能力和运动水平的提高①。

如表1–16所示，只有3.57%的跑者赛后没有进行积极的恢复训练，说明调查的业余跑者对于赛后的恢复重视程度较高，但是在当天傍晚进行积极恢复训练的人数较少，只占2.68%，主要原因是对于大部分跑者来说，比赛的负荷和强度远超出平常单次的训练量，超高负荷消耗了大量体力，赛后跑者的生理和心理极度疲劳，已没有多余的精力进行恢复训练。恢复时间安排在赛后次日的人数较多，其中在次日早晨进行恢复练习的占17.86%；在次日傍晚的占31.25%；除此之外，还有44.64%的跑者选择将恢复练习安排在赛后三天以后。可能是因为马拉松比赛后的肌肉酸痛多为延迟性的肌肉酸痛，经常出现在运动后第二天或第三天。

表1–16　跑者赛后恢复训练的时间安排

赛后恢复训练时间	人数	比例
当天傍晚	3	2.68%
次日早晨	20	17.86%
次日傍晚	35	31.25%
三天以后	50	44.64%
无	4	3.57%

① 卢聚贤.中长跑运动员赛前训练负荷量与强度生理监控研究[J].江西教育学院学报，2011，32（3）：86–89.

完成比赛后，参赛者的身体丢失大量盐分和水分、耗尽了身体的能量，肌肉因大运动量比赛而积累大量的乳酸并导致各种肌肉酸痛，身体免疫力大大降低，此时机体处于非常脆弱的状态，所以赛后的恢复性训练不但是体能的恢复，更是一种对身体的保护。因此，赛后越早进行恢复训练越好。

第四节　优秀业余马拉松跑者的恢复训练和损伤处理

一、日常恢复训练情况

疲劳是指机体能力在生理与心理两方面的下降，是耐力训练中经常遇到的问题。疲劳一般分为中枢疲劳（神经）和周围疲劳（肌肉）两种类型。肌肉疲劳主要是指肌肉收缩能力的下降，由此导致运动速度和幅度的减小。中枢疲劳的主要症状是运动协调能力的下降，可以单独发生，典型症状是注意力下降和对运动技术细节的控制能力减弱。同时神经性疲劳也会发生在肌肉疲劳之后。适时地消除机体在训练负荷影响下产生的疲劳，通过机体适应过程，可以促进运动员竞技能力的提高。下面主要从一般性恢复、饮食补充、伤病情况三个方面对业余马拉松跑者的疲劳恢复进行分析讨论。

1. 训练后的放松恢复时间

由表1–17可知，只有24.11%的跑者训练后恢复时间在10分钟以下；有59.82%的跑者训练后的恢复时间为10—25分钟；有12.50%的跑者训练时间为25—40分钟；仅有3.57%的跑者训练后的恢复时间为40—60分钟。总体来说，跑者训练后的恢复训练时间比较合理。

表1–17 跑者训练后的放松恢复时间

放松恢复时间	人数	比例
10分钟以下	27	24.11%
10—25分钟	67	59.82%
25—40分钟	14	12.50%
40—60分钟	4	3.57%

2. 训练后常用的恢复手段

如表1–18所示，当前业余马拉松跑者赛后恢复手段多种多样，其中肌肉拉伸、慢跑、泡沫滚轴、按摩、睡觉恢复手段采用的比例较高，此外也有一部分人选择饮食营养补充、冷热水浴、热水浴、凉水浴等恢复手段。

表1–18 跑者训练后、赛后恢复手段

恢复手段	人数	比例
慢跑	62	55.36%
肌肉拉伸	100	89.29%
按摩	44	39.29%
冷热水浴	21	18.75%
热水浴	17	15.18%
凉水浴/冰敷	11	9.82%

续表

恢复手段	人数	比例
泡沫滚轴	53	47.32%
睡觉	48	42.86%
互相脚踩放松	5	4.46%
饮食营养补充	29	25.89%

随着现代竞技体育运动的快速发展，各种训练方法不断更新，恢复手段也与日俱增。即便如此，跑者在训练中仍旧会使用一些常规的恢复手段，拉伸训练就是其中之一。拉伸练习的主要目的是使得被拉伸的肌肉和软组织充分放松，从而有利于肌肉疲劳得到较快恢复，防止肌肉拉伤，提升肌肉弹性，避免造成运动技术的僵硬和变形。运动后的拉伸和放松有助于快速排出运动后产生的乳酸，减缓肌肉酸痛，有利于缓解身体肌肉关节的紧张感，从而改善健身效果。坚持进行拉伸练习可以提高柔韧水平，改善身体形态和肢体的协调性，提高跑的效率和保持一个比较轻松的跑步姿势。

二、日常饮食及营养补充

对于马拉松比赛来说，比赛过程中体能消耗是非常大的。膳食是运动员主要能量供给源，当一日三餐不能满足能量需要时，还需要加餐 1 — 2 次，膳食的蛋白质供给量应丰富，使其占总能量的 12% — 14%，膳食脂肪供能可占总能量的 30% — 35%，糖类应为总量的 60% — 70%[①] 。

① 陈吉棣主编.运动营养学[M].北京：北京医科大学出版社，2002.

合理的饮食能供给运动员所需消耗的热能，提供能源物质的储备与补充，加速身体代谢废物的清除、维持体内平衡，有助于提高运动员运动能力和运动后的恢复能力，在马拉松训练各个阶段都很重要。训练阶段，饮食的重点应放在糖类的摄入上，如谷物、面包、土豆等，但像脂肪类的如植物油及蛋白质类的如牛奶、酸奶、奶酪、鱼、肉等也应适量摄入。

由表1–19可知，跑者的饮食习惯中淀粉类食物最多，其次为水果、蔬菜、肉蛋类、牛奶及奶制品；粗粮杂粮、坚果、豆类及豆制品；动物肝脏、海产品、饼干点心类、糖巧克力油炸食品摄入较少。可以看出跑者的饮食较合理、健康。

表 1–19　跑者日常饮食情况

日常饮食	人数	比例
淀粉类（米、面）	95	84.82%
肉蛋类	62	55.36%
水果	74	66.07%
蔬菜	71	63.39%
粗粮杂粮	37	33.04%
坚果	29	25.89%
动物肝脏、蛋黄	3	2.68%
豆类及豆制品	27	24.11%
糖/巧克力/油炸类等食品	6	5.36%
牛奶及奶制品	47	41.96%
饼干、点心类	9	8.04%
海产品	8	7.14%
其他	1	0.89%

马拉松教练王德显训练期间的营养安排是：每天能量摄取约为10979千焦，蛋白质、脂肪和糖类的能量分别占总能量摄入的20%、28%和52%，早、中、晚的能量摄入分别占总能量的40%、20%、38%。摄取维生素和矿物质是同年龄人群所需的2—10倍。在调整前期（赛前4—6天），每天摄入约10553千焦，调整后期（赛前3天）为10134千焦，与训练期的能量摄入大体一致。为了储存更多的葡萄糖，调整前期摄入脂肪能量比训练期增加36%，调整后期减少到22%。调整前期糖类的摄入量约42%，调整后期增大到61%[①]。业余跑者可以借鉴专业运动员在训练期间和调整期的饮食（蛋白质、脂肪和糖类）比例安排，但是，因为在训练量和训练负荷上与专业运动员差距较大，要适当减少摄入的能量。

三、损伤及处理情况

王宇红对北京国际马拉松赛运动中出现的损伤情况进行调查，结果显示运动疲劳所占的比例最大，约占59%，平时缺乏训练占33%，服装不适占25%，旧伤复发占21%，还包括准备活动不充分及道路环境差。此外，气候、环境、参赛者的运动水平、赛前的适应性训练、赛前装备的准备、比赛经历、途中的技术处理、饮食饮水的补给、采取的降温手段等是造成运动损伤的间接原因[②]。

Fredericson等人的研究认为，经验丰富的跑者不容易受伤，跑龄与损伤发生率成反比；循序渐进的训练计划能帮助防止受伤，特别注意避免跑步负荷量和强度的突然增加；一旦每周跑步距离超过64公里，损伤的风

① 王德显. 马拉松运动员的营养补充[J]. 田径，2005（7）：22–23.

② 王宇红. 对北京马拉松赛事医疗安全保障体系的研究[D]. 北京体育大学，2016.

险就会增加[①]。对于缺乏经验的马拉松选手，在参加马拉松比赛之前，必须确保自身伤病已完全恢复。

笔者在访谈和调查中了解到业余跑者出现损伤的最主要原因是运动疲劳、缺少长期系统训练、热身不充分、技术动作不合理，其次是训练内容不合理、跑鞋不合适、恢复训练较少和由于长期在塑胶跑道以跑圈的方式跑步导致身体两侧力量不均衡等。

1. 发生损伤或疼痛的部位

跑步中涉及的关节按照自下而上的顺序，首先是踝关节、膝关节，然后是髋关节。膝关节是人体最大、结构最复杂的关节，当出现跑步技术失误或者负荷不当时，最容易受伤的是膝关节。由于外踝比内踝长、外侧副韧带比内侧副韧带薄弱，加之其伸肌力量比屈肌力量弱等方面原因，导致踝关节也容易发生内翻损伤。

从表1–20可以看出，跑者主要的一些伤病和疼痛部位集中在膝关节、小腿、踝关节、跟腱、脚部、大腿。伤病部位主要集中在下肢，应该是训练恢复的重点部位。对杨凌国际马拉松运动伤害发生与防护的调查研究中发现，业余马拉松跑者运动损伤的高发部位主要是膝部、小腿踝部、大腿、足部[②]，与此次调查结果大体一致。

表1–20　跑者发生损伤、疼痛较多的部位

损伤、疼痛部位	人数	比例	损伤、疼痛部位	人数	比例
手腕、手肘	1	0.89%	小腿	39	34.82%

① FREDERICSON M，MISRA AK. Epidemiology and Aetiology of Marathon Running Injuries[J]. Sports Medicine，2007，37（4–5）：437–439.

② 龚敏. 杨凌国际马拉松运动伤害发生与防护的调查研究[D]. 西安体育学院，2018.

续表

损伤、疼痛部位	人数	比例	损伤、疼痛部位	人数	比例
肩部	7	6.25%	膝关节	65	58.04%
背部	1	0.89%	踝关节	34	30.36%
腰腹部	7	6.25%	跟腱	27	24.11%
髋关节	15	13.39%	脚部	24	21.43%
臀部	12	10.71%	其他	7	6.25%
大腿	22	19.64%			

与专业运动员相比，业余运动员更容易受伤，这一现象可能与脚着地方式有关。成绩好的运动员中脚跟着地的比例小，而业余运动员中脚跟着地比例很大。脚跟着地可能意味着更高的受伤风险①②。Daoud等人的研究表明，脚跟着地型跑者重复性压力损伤的发生率显著高于前脚掌着地型的跑者③。动力学分析表明前脚掌着地的赤脚跑者比脚后跟着地的穿鞋跑者产生的冲击力小，原因主要是赤脚跑在着地时脚更加伸直、放松，踝关节在脚与地面撞击时更加顺从，有效地减少了身体与地面的撞击力④。

跑步时脚着地初期受到的较高、快速的冲击力一直被认为是导致下肢

① KASMER ME，LIU XC，ROBERTS KG，et al. Foot-strike Pattern and Performance in a Marathon[J]. International Journal of Sports Physiology & Performance，2013，8（3）：286-292.

② LATORREROMÁN PÁ，JIMÉNEZ MM，HERMOSO VMS，et al. Acute Effect of a Long-distance Road Competition on Foot Strike Patterns，Inversion and Kinematics Parameters in Endurance Runners[J]. International Journal of Performance Analysis in Sport，2015，15（2）：5-7.

③ DAOUD AI，GEISSLER GJ，WANG F，et al. Foot Strike and Injury Rates in Endurance Runners：A Retrospective Study[J]. Med Sci Sports Exerc，2012，44（7）：1325-1334.

④ LIEBERMAN DE，VENKADESAN M，WERBEL WA，et al. Foot Strike Patterns and Collision Forces in Habitually Barefoot Versus Shod Runners[J]. Nature，2010，463（7280）：531-535.

运动损伤的原因之一。人体本身的着地动作和身体结构都具有缓冲这一冲击力的功能，比如膝关节和踝关节被动屈曲的动作形式就是为了进行缓冲。而下肢具有缓冲和吸收震荡功能的结构主要是跟腱、足弓、股四头肌和髋关节外展肌群。因此，这些结构也是长跑运动员损伤的高发部位①。建议跑者跑步前要有充分的准备活动时间，刚开始不要用力过猛，容易拉伤大腿后侧肌群。跑步前要准备合适的鞋袜，鞋袜小、鞋底薄等均会导致足部的摩擦伤。

2. 出现损伤后的处理方式

由表1–21可知，跑者在训练中出现损伤后选择求助有经验的跑友、教练或医生的占47.32%，有30.36%的跑者选择根据自身经验自行处理；有25.00%的跑者选择加强损伤部位的力量练习。选择停止跑步，恢复后再继续的比例为53.57%，有47.32%的跑者选择保持进行低强度的恢复训练。

表1–21 跑者出现损伤后的处理方式

损伤的处理方式	人数	比例
停止跑步，恢复后再继续	60	53.57%
减少跑量，仍坚持训练（以低强度恢复训练为主）	53	47.32%
询问有经验的跑友、教练或医生	53	47.32%
根据自身经验自行处理	34	30.36%
加强损伤部位的力量练习	28	25.00%

笔者在与跑者的接触中了解到在出现轻微伤病的情况下继续跑步，主

① 胡宗祥.慢跑下肢技术动作的生物力学研究[D].北京体育大学，2008.

要是为了保持体能，还有一小部分跑者会忽视伤病，坚持带伤训练，最终导致损伤加重。

有研究表明，无论男性还是女性，有受伤史的个体在日后的训练和比赛中再次受伤的可能性较高，可能的原因包括某些个体的身体结构异常而导致容易重复受伤（如髂胫束摩擦综合征），或由于旧伤没有得到充分的治疗，却过早恢复训练而导致旧伤反复发作①。

因此，如果在自身损伤比较严重的情况下继续跑步，很可能加剧疼痛，造成更大的损伤，建议等完全恢复后再进行跑步。如果损伤较轻，想保持体力可以采用游泳、慢走、深水跑等强度较小的运动。

第五节　优秀业余马拉松参赛选手比赛成绩分析

目前国内没有对马拉松参赛者成绩数据进行针对性分析的研究，本节是对中国马拉松官网2014—2017年全程马拉松各年龄段参赛者成绩进行的分析以及对优秀业余跑者2018年北京国际马拉松比赛成绩进行的分析。

一、2014—2017年国内马拉松选手全程马拉松成绩分布

1.2014—2017年国内马拉松选手全程马拉松成绩的分布情况

2014—2017年国内马拉松选手全程马拉松成绩分布如图1-1所示。

① 曲辉，钱瑞，王闯.国外马拉松运动损伤研究的前沿与进展——基于科学知识图谱的可视化分析[J].辽宁体育科技，2018，40（6）：55-61.

检验男、女全程马拉松成绩的年份特征[一般线性模型单因素方差分析，并用Bonferroni（B）做多重比较]。从统计结果来看，男[F（2）=38.62，P<0.001，η=0.041]、女运动员[F（2）=47.99，P<0.001，η=0.051]的全程马拉松成绩在各年份的差异非常显著。2014年男、女的平均成绩分别为3.0546小时±0.2243小时（N=600）和3.8440小时±0.33969小时（N=600）。相比2014年的平均成绩，2015年、2016年和2017年男、女全程马拉松成绩均有显著的提升，男子成绩的提升幅度为0.0601小时（均值2.9945小时±0.2153小时，P<0.001）和0.1130小时（均值2.9416小时±0.2287小时，P<0.001），0.1868小时（均值2.8698小时±0.2262小时，P<0.001）。女子成绩的提升幅度为0.1229小时（均值3.7211小时±0.3574小时，P<0.001），0.2154小时（均值3.6285小时±0.3910小时，P<0.001）和0.3379（均值3.5061小时±0.3607小时，P<0.001）。可见2014—2017年成绩分布有显著差异，2014年后，我国马拉松平均成绩逐年提升。

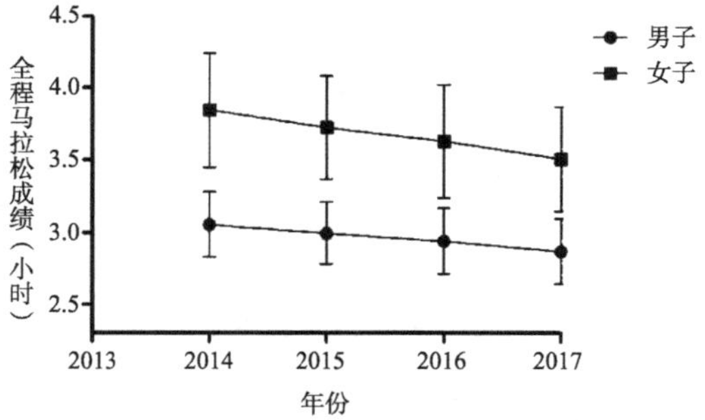

图1-1

2. 国内不同年龄段马拉松选手全程马拉松成绩的分布情况

国内不同年龄段马拉松选手全程马拉松成绩的分布情况如图1-2所

示。检验男、女全程马拉松成绩的年龄特征[一般线性模型单因素方差分析，并用Bonferroni（B）做多重比较]。从统计结果来看，男[F（5）=861.2，P<0.001，η=0.76]、女运动员[F（5）=485.6，P<0.001，η=0.58]的全程马拉松成绩在各年龄段的分布存在非常显著的差异。

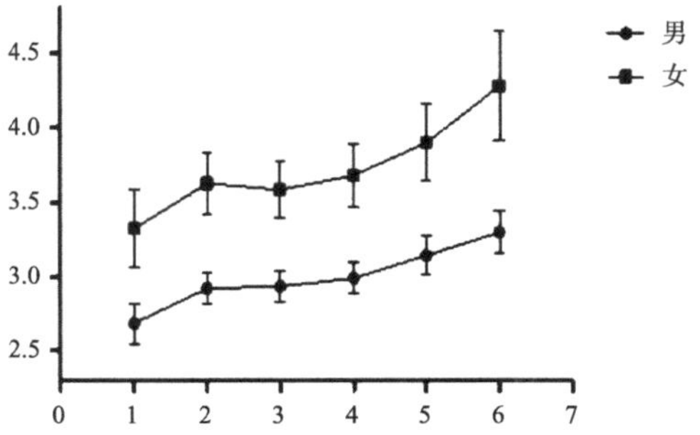

图1-2

均值多重比较[Bonferroni（B）]发现：18—34岁年龄组的全程马拉松成绩最好，男子组的均值为2.6427小时±0.1454小时（N=300），女子组为3.2663小时±0.2706小时（N=300，P<0.001）；35—39岁年龄组的平均成绩男、女分别为2.8882小时±0.1229小时和3.5540小时±0.2348小时（N=300）；40—44岁年龄组的成绩出现一些反转，男子组与上一年龄组非常接近，均值为2.9054小时±0.1154小时（N=300），而女子组的成绩却好于上一年龄组，成绩为3.5345小时±0.1935小时。随后的45—49岁（男子2.9729小时±0.1072小时，女子3.6193小时±0.2184小时）、50—54岁（男子3.1123小时±0.13160小时，女子3.849小时±0.2579小时）和55—59岁年龄组（男子3.2693小时±0.1471小时，女子4.2293小时±0.3454小时）。呈现年龄越大，全程马拉松成绩水平越降低的趋势。

马拉松成绩两端的年龄段变化较大，中间部分年龄段相对接近。

3. 2014—2017 年国内男、女运动员不同年龄段全程马拉松成绩的分布特征

2014 — 2017年国内男、女运动员不同年龄段全程马拉松成绩的分布如图1–3所示。检验男、女全程马拉松成绩的年龄和年份的主效应和交互效应[一般线性模型单因素方差分析，并用Bonferroni（B）做多重比较]。从统计结果来看，男运动员的年份主效应（$F=313.38$，$P<0.001$，$\eta=0.284$）、年龄主效应（$F=1541.91$，$P<0.001$，$\eta=0.764$）显著，且年份和年龄的交互效应也显著（$F=4.187$，$P<0.001$，$\eta=0.026$）；女运动员年份的主效应显著[$F(2)=240.88$，$P<0.001$，$\eta=0.233$]，年龄的主效应也非常显著[$F(5)=855.371$，$P<0.001$，$\eta=0.643$]，但年限和年龄的交互效应不显著[$F(10)=1.899$，$P>0.05$，$\eta=0.012$]。从上述结果来看，我国男、女运动员全程马拉松成绩整体提升，但变化趋势仍然与年龄差异基本一致。

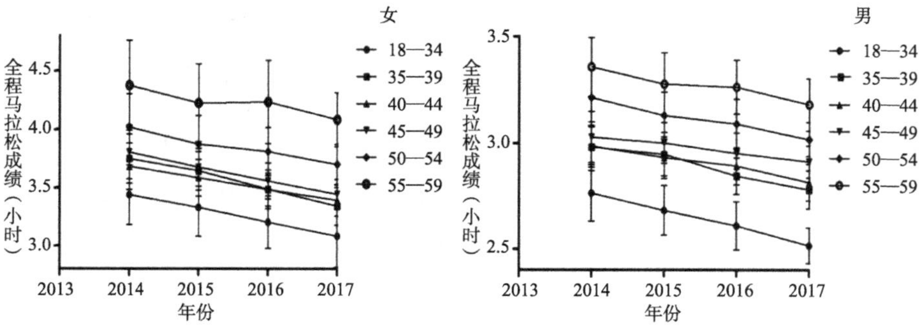

图 1–3

二、优秀业余跑者2018年北京国际马拉松比赛成绩分析

马拉松运动员的成绩取决于多种因素，其中最主要的因素是训练水平和全程比赛中合理的速度分配。一方面来说，比赛成绩反映着参赛者的训练水平，研究业余跑者的比赛成绩，能反映出跑者训练过程可能存在的问题，以便在后续的训练中进行调整；另一方面，马拉松的比赛成绩也与比赛过程中体能分配和速度控制有关，可以根据跑者的比赛成绩情况制定合理的比赛方案以提高比赛成绩。为了研究优秀业余马拉松跑者的速度变化规律，本书将对一部分调查对象的马拉松比赛成绩进行分析。

北京国际马拉松赛是由中国田径协会主办，从1981年开始，每年举办一届，迄今为止已成为国内最具影响力的赛事，并跻身于世界十大马拉松赛事之列。北京国际马拉松赛在每年的秋季举办，北京的秋天秋高气爽、气温、湿度适中非常适宜比赛。比赛路线宽阔平坦，组织水平及比赛水平高，影响力大，是业余选手比较集中参加的比赛，因此选取部分调查对象2018年北京国际马拉松比赛的成绩进行分析。由于此次调查对象中全程马拉松比赛男女性别差异较大，收集到的女性选手的样本量非常少，因此全程马拉松成绩分析只针对男性选手。根据收集到的成绩分布情况，将跑者分为A，B，C，D四个组别（表1–22）。

表1–22　业余跑者参赛人数及成绩区间

跑者组别	成绩范围	人数
A组	小于3小时	6
B组	3小时到3小时15分	7
C组	3小时15分到3小时30分	7
D组	3小时30分到4小时30分	7

1. 业余马拉松跑者平均用时

跑者在日常锻炼时，习惯把5公里作为一个段落，进行计时与训练，便于训练对时间的掌握和对速度的控制，同时也便于训练后的总结分析。在正规比赛中也是以5公里为一个计时点，参赛者得到的成绩图也是由每5公里的分段成绩加上终点成绩一共9个成绩组成。对数据核算后，能算出选手每5公里平均用时，从而能清楚地了解到不同水平跑者每5公里平均用时情况，以及各个分段用时之间的最大差距。

如表1–23所示，通过对不同水平业余马拉松跑者的各分段平均用时进行研究，可以看出这四组跑者前五个5公里用时相对均匀，到第六、第七个5公里用时开始不断增加，第八个5公里用时最长。可能是在比赛开始时，选手体力充沛，心理上相对兴奋，到了比赛后半程，部分选手可能因为自身状态不好，或者之前速度较快而引起身体不适导致速度不断下降。之后由于自身能量消耗大、疲劳、散热慢等原因导致速度达到本场比赛最低，用时最长。

比赛开始阶段，前三组每5公里用时在不断减少，在第三个5公里时达到最大速度，表明前三组的跑者在比赛前15公里是不断加速的。而D组的跑者则是在第4个5公里达到最大速度，随后用时逐渐变长。可能是随着枪响比赛开始，所有参赛选手都在等待出发，因为参赛选手众多导致部分选手第一个5公里比实际距离要多，另一个原因可能是选手水平参差不齐，有些较优秀的选手被多数不如自己但先于自己出发的选手阻挡在后面，随着选手之间逐渐拉开距离，赛道变得不再拥堵，部分选手开始提速并在15公里左右才达到自己的正常速度或者最大速度。

由各段落5公里平均用时最大差距也可以看出，A组跑者全程每个5公里用时误差不超过1分钟，对比赛的节奏把握能力很强，自身的速度控制能力强；B、D两组全程5公里的最大差距分别为2.27分钟、2.32分钟；相反，C组跑者前半程速度过快，从30公里开始速度逐渐减慢，最后一个5公里与第3个5公里的用时竟然相差5分15秒。总体来说，跑者水平越高对比赛速度的控制能力越好。

表1–23　业余跑者全程成绩和每5公里用时

	5公里	10公里	15公里	20公里	25公里	30公里	35公里	40公里	全程	5公里最大差距
A组	20：53	41：25	1：01：53	1：22：29	1：43：28	2：04：44	2：25：59	2：47：46	2：57：45	
	20：53	20：32	20：28	20：36	20：59	21：16	21：15	21：47	9：59	1：19
B组	21：35	43：01	1：04：17	1：25：39	1：47：04	2：09：03	2：31：42	2：55：25	3：06：23	
	21：35	21：25	21：16	21：23	21：25	21：59	22：39	23：43	10：58	2：27
C组	22：31	44：47	1：07：00	1：29：30	1：52：08	2：15：43	2：41：34	3：09：02	3：21：58	
	22：31	22：16	22：13	22：30	22：38	23：35	25：51	27：28	12：56	5：15
D组	26：36	53：00	1：19：08	1：45：07	2：11：29	2：38：36	3：06：22	3：34：52	3：51：12	
	26：36	26：23	26：08	25：58	26：23	27：07	27：46	28：30	16：20	2：32

2. 业余马拉松跑者平均速度分析

如表1–24，对比不同水平业余马拉松跑者全程各分段平均速度我们可以发现，除A组跑者以外，其他3组跑者的各分段平均成绩与全程平均成绩相比，30公里以前各分段的平均速度要高于全程平均速度，30公里以后的平均速度低于全程平均速度，并且在最后的2.195公里速度下降幅度更大。总的来说，跑者开始时的速度较快，略高于平均速度，后半程速度低于前半程，也低于平均速度。

表1–24 业余马拉松跑者全程各分段平均速度（米/秒）

	5公里	10公里	15公里	20公里	25公里	30公里	35公里	40公里	42.195公里	平均
A组	3.99	4.06	4.07	4.05	3.97	3.92	3.92	3.83	3.66	3.94
B组	3.86	3.89	3.92	3.90	3.89	3.79	3.68	3.51	3.34	3.75
C组	3.70	3.74	3.75	3.70	3.68	3.53	3.22	3.03	2.83	3.46
D组	3.13	3.16	3.19	3.21	3.16	3.07	3.00	2.92	2.24	3.01

出现这种现象的原因可能是参赛选手赛前并没有制订合理的比赛计划，或者制订了计划但在比赛中没有严格实施，以高于自己水平的速度进行比赛，当到达35公里前后的时候，由于体力的快速下降和前半程快速运动导致的大量乳酸堆积以及长时间比赛，从而出现速度不断下降的情况，在最后一个 2.195公里，速度持续大幅度下降。特别是D组选手，最后2.195公里时速度下降幅度最大，可能是这些选手参赛次数少，经验不足，不能控制好自己的速度，导致速度分配不均匀从而多变，由于比赛时间长，加上这些选手本身训练水平低，到后半程体力不支导致速度变慢。

另外一个最主要的原因和跑者的锻炼习惯有关，前面调查显示大多数跑者在赛前训练中单次课最大跑距大多在30—35公里，只有很少一部分人超过35公里，日常练习中耐力训练的距离不够。马拉松的一般耐力训练为40—50公里，专项耐力训练为30—35公里，普通选手要重视有效训练量的积累；优秀选手在保持较大的负荷量的同时要确保一定的训练强度，在保证有氧耐力的基础上提高混氧能力。

3. 业余马拉松跑者速度下降率对比分析

由于在同场比赛中，参赛者水平不同，速度也不同，在比较速度变化过程中，对比各分段平均速度和全程各分段平均速度最大值的下降程度更直观。

由表1–25可以看出，A、B、C三组在第15公里时速度下降率为零，D组在第20公里速度下降率为零，也就是说，A、B、C三组在第15公里时速度达到最大，而D组是在第20公里速度达到最大。四组选手最大速度下降率都出现在最后一个 2.195公里段落，不同的是，B组从40公里开始速度明显下降，C组则是在35公里开始速度明显下降；相对来说，A、D两组选手的35 — 40公里段落速度下降趋势较缓慢。

表 1–25　业余马拉松跑者速度下降率

	5公里	10公里	15公里	20公里	25公里	30公里	35公里	40公里	42.195公里
A组	1.97	0.25	0.00	0.49	2.46	3.69	3.69	5.90	10.07
B组	1.53	0.77	0.00	0.51	0.77	3.32	6.12	10.46	14.80
C组	1.33	0.27	0.00	1.33	1.87	5.87	14.13	19.20	24.53
D组	2.49	1.56	0.62	0.00	1.56	4.36	6.54	9.03	30.22

结合前面的研究可以发现，参赛选手速度下降率与全程各分段的速度分配有一定联系。A组由于前半程和后半程的速度下降率差距较小，总体速度分配相对合理，在一定程度上能减少体力消耗，能够相对快速地完成比赛；而B、C组的选手在前30公里速度较快，从30公里以后，速度下

降率不断升高，差距愈发明显；D组主要问题是最后2.195公里这一段落下降幅度太大。

训练水平低的参赛者由于前半程消耗大量的能量，导致后半程体力不支，速度变慢，速度下降幅度增大，相对的速度变化幅度就越大，这种情况会持续到比赛结束。如果参赛选手以符合自身水平的速度去参加比赛，全程速度波动较小，会减少不必要的能量消耗，节省体力，相对来说能较快地完成比赛。所以参赛选手在自身身体素质和训练水平不变的情况下，选择全程均速跑，能减少能量消耗从而提高成绩。合理的速度分配对于提高比赛成绩起着至关重要的作用。

4. 业余马拉松跑者速度变化趋势分析

业余马拉松跑者速度变化趋势如图1–4所示：

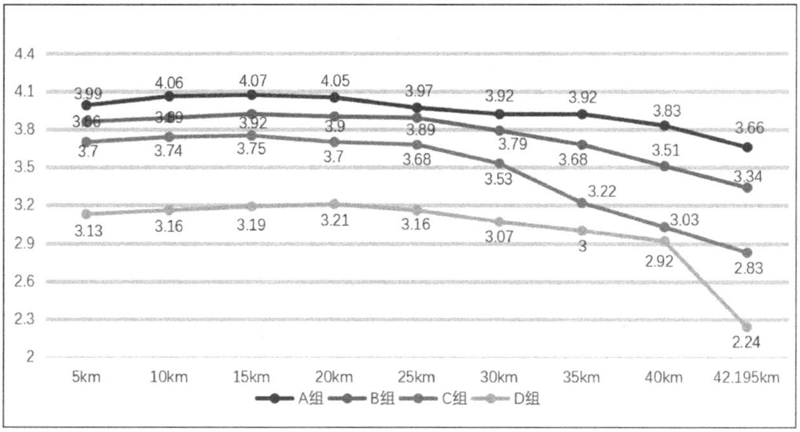

图1–4

通过不同水平跑者的全程各分段速度变化曲线，可以看出，4组不同水平的跑者全程速度变化趋势大致相同，都呈现一种平均速度逐渐下降的趋势，同时还可以看出选手的训练水平越高，整体速度变化趋势越平缓。

A组选手从4.07米/秒的最大速度逐渐下降到3.66米/秒，速度下降了0.41米/秒；B组选手从3.92米/秒的最大速度逐渐下降为3.34米/秒，速度下降了0.58米/秒；C组选手则是从3.75米/秒的最大速度下降至2.83米/秒，速度下降了0.92米/秒；三组速度的下降幅度略有不同，其中C组速度的下降幅度最大。A组整体的速度变化幅度较小，B、C组都是从30公里以后速度开始明显下降，一直持续到比赛结束。D组和A组的选手都是在40公里以前整体速度走势较平缓，不同的是，D组的训练水平较低，最后的2.195公里速度呈直线下降。综上可以看出，选手水平越高，整体速度波动幅度越小；速度控制能力越好，全程最大平均速度和最小平均速度的差值就越小。

综上可以看出，A组跑者整体速度波动幅度最小，全程每个5公里用时误差最小，自身的速度控制能力强；四组跑者开始时的速度都较快，略高于平均速度，后半程速度低于前半程，也低于平均速度；都是在第15—20公里时速度达到最大值，从35公里开始速度明显下降，最大速度下降率都出现在最后一个2.195公里的段落。

三、小结

本章主要对优秀业余马拉松跑者训练特点进行了分析与研究，可以发现即便是优秀的业余马拉松跑者也存在大量问题，比如说：全年跑量偏低，单次长距离训练距离偏短；训练内容多为体能训练，对于技术训练不够重视；力量训练部位多为核心和下肢等大肌肉群，容易忽视小肌肉群、躯干、上肢和损伤部位的力量练习。赛前训练的针对性不强、大部分人赛前减量安排不合理、赛后恢复不够及时、恢复时间偏短；日常训练后的恢复时间有待延长，损伤后的处理方式不太合理。跑者比赛中对全程和各分段的速度控制能力不足，前半程速度高于后半程，比赛从 35 公里开始速度明显下降。

优秀业余马拉松跑者尚且存在如此多的问题，那么普通的马拉松跑者存在的问题可能会更多。如果这些问题得不到及时有效的解决，势必会降低大众对于马拉松运动的积极性，甚至对自己的身体造成严重的损害，这就违背了《全民健身计划纲要》的初衷。笔者认为存在这些问题的根本原因在于我国马拉松事业起步较晚，马拉松相关人才较少，而近年来参与马拉松运动的人数呈现“井喷”趋势，导致指导马拉松跑者的专业人士严重不足，使得绝大多数跑者只能通过自己摸索或与同伴交流来进行训练、比赛、调整、饮食等方面的安排，使得整个系统缺乏科学性。

因此，要想更好地普及、推广马拉松运动、增强马拉松运动的影响力，首先要保证大众对于马拉松运动的积极性并切实提高其身体素质，这就需要针对大众的问题培养专门的马拉松指导人才。本书在第二章将对把马拉松作为课程资源引入高校的田径课程体系中的必要性及可行性进行系统的分析。

第二章

高校田径课程中马拉松教学资源的开发对策

第一节　马拉松运动引入高校田径课程的必要性

一、相关背景介绍

1. 田径课程是学校体育的重要组成部分

作为最古老的体育项目，田径运动是其他运动项目的基础，具有“运动之母”的美称。它不仅可以促进身体机能的良好发展、提升人的身体素质，还可以改善人体内脏器官的机能、提高机体对外界的适应能力，田径课程因此在高校体育教学中具有重要地位。高校田径课程的发展经历了兴起、普及、改革发展三个阶段。1927—1937年国民党统治时期，田径课程在学校体育教育中开始兴起。1937年受七七事变影响遭到严重破坏。中华人民共和国成立初期，简单易行的田径运动成为增强国民体质的最好选择。政府大力培养田径方面的人才，积极组织全国性的学校田径运动比赛，以此来推动田径课程的广泛普及。1977年后，田径运动作为学校体育的重要组成部分得到国家的高度重视。2002年，国务院印发《全国普通高等学校体育课程教学指导纲要》，代表着我国高校田径课程改革的开始，田径课程从以竞技为主的传统教学方式逐渐向培养学生学习兴趣为主的方式转变。

2. 田径课程逐渐被“边缘化”

随着学生对时尚、休闲、娱乐的需求日益增加，田径运动难以满足上述需求，不少学生反映学习田径项目容易感觉到单调和枯燥。因此，许多高校田径课程被边缘化，甚至部分学校直接取消了田径课程。新时代亟须转变和创新传统的田径教学理念与方法，解决高校田径教育面临的困难。作为新时代培养人才的各高校，在田径教学中离不开教学资源作为课程支撑。所以在田径课程处于“边缘化”位置的背景下开发新的教学资源，对田径教学的改革与发展至关重要。马拉松作为田径运动项目在国内的火爆开展，为田径课程的重新发展带来了新的契机。

3. 马拉松“井喷式”发展形式的大众健身需求

随着大众健身意识的增强，我国城市路跑项目自2008年北京奥运会之后开始盛行。截至2018年在中国每年举办大约500场马拉松及相关赛事，跑步健身、跑步社交、跑步旅行在全民健身中逐渐成为一种趋势。在北京、上海等一线城市的许多人在高强度的工作之余通过马拉松运动来放松心情，缓解压力。人们对于马拉松运动的喜爱和参与程度不断加深，势必会产生多方面的运动需求。因此有必要将马拉松作为课程资源引入高校的田径课程体系中。

二、大众健身需求推动马拉松运动进入高校体育课程体系

马拉松大众跑者在运动训练、伤病预防、营养补给、服务等方面存在的大量需求得不到满足，导致大众跑者不能科学、合理、规范地参加马拉松运动，这是将马拉松引入高校体育课程体系的重要依据。

1. 大众跑者关于马拉松运动训练方面的需求

通过调查了解到每天在北京市奥森公园、朝阳公园、环形马路以及高校田径场等地点有众多跑团进行长跑运动。大众跑者希望通过马拉松运动的训练提升自己的运动能力，不断突破个人的最好成绩，实现个人的目标。以北京马拉松协会为例，目前入会会员每年约达到1500人，在北京范围内有14个免费科学跑步训练营，在六环内30分钟即可到达某一个跑步训练营。据统计2018年北京马拉松协会大概开展700期公益训练营，服务于35000人次。

通过调查北京马拉松协会会员了解到大众跑者在业余时间积极参与马拉松及相关长跑运动主要有两个目的，一是通过长跑训练使跑者们可以在马拉松非比赛的时间段增强体质，二是为了不断提高自己的运动成绩。调查数据显示，有54.7%的大众跑者每周进行3—4次马拉松训练活动；每周进行5—6次训练的跑者占据调查总人数23.2%；14.7%的跑者每周进行1—2次跑步训练；另外2.1%的跑者每周训练高达6次以上（表2–1）。大众跑者不仅积极参与马拉松运动训练活动，还密切关注马拉松的训练方法。其中32.6%的大众跑者非常关注马拉松运动的训练方法，43.2%的跑者比较关注相关训练方法（表2–2）。大众跑者们还渴望得到专业跑者关于马拉松训练方面的指导，高达47.4%的大众跑者希望与专业跑者进行训练方面的交流（表2–3）。

表 2-1 大众跑者每周进行马拉松训练基本情况（N=95）

参与次数	频数	比例（%）
0次	5	5.3
1—2次	14	14.7
3—4次	52	54.7
5—6次	22	23.2
6次以上	2	2.1

表 2-2 大众跑者对于马拉松运动训练方法的关注情况（N=95）

关注程度	频数	比例（%）
非常关注	31	32.6
比较关注	41	43.2
一般关注	15	15.8
不太关注	5	5.3
不关注	3	3.2

表 2-3 大众跑者希望就马拉松训练方面进行学习交流情况（N=95）

希望交流的程度	频数	比例（%）
非常希望	45	47.4
比较希望	33	34.7
一般希望	14	14.7
不太希望	3	3.2
不希望	0	0

表2-4和表2-5显示了指导马拉松大众跑者训练的方式，52.6%的跑者选择马拉松运动爱好者担任教练，26.3%的大众跑者自己进行训练，还有少部分的跑者选择体院学生、运动App等担任教练。值得注意的是选择专业跑步教练指导自己进行训练的跑者比例只有1.1%。这说明目前指导大众跑者的教练大多是马拉松运动爱好者而非专业的跑步教练。大众跑者对于教练的专业水平评价参差不齐，有44.2%的大众跑者认为教练比较专业；23.2%的跑者认为教练的专业水平一般；甚至有超过10%的大众跑者认为教练的专业水平较低。说明大众跑者教练的专业水平存在不足。造成这种现状的主要原因是目前大众马拉松跑者的训练情况相对复杂，加上我国的社会体育指导相关工作还不完备，无法为大众提供专业的马拉松运动社会指导员。

表 2-4　大众跑者的教练分类情况（*N*=95）

教练类别	频数	比例（%）
体院学生	3	3.2
专业教练	1	1.1
经常参与马拉松运动的跑者	50	52.6
运动App	14	14.7
自己	25	26.3
其他人	2	2.1

表 2-5　大众跑者认为教练的专业程度情况（*N*=95）

教练专业程度	频数	比例（%）
非常专业	17	17.9

续表

教练专业程度	频数	比例（%）
比较专业	42	44.2
一般专业	22	23.2
不太专业	9	9.5
完全不专业	5	5.3

从马拉松大众跑者训练需求的调查可以看出大众马拉松跑者同样希望通过相对专业的训练来参与马拉松运动，且目前大众跑者在马拉松训练方面存在的需求还没有得到相应的满足。在国家“全民健身”策略指导下，社会应对此给予关注，以便在将来找到适合马拉松大众跑者的训练体系。

2. 大众跑者关于马拉松运动伤病预防与恢复方面的需求

马拉松运动属于极限运动的一种，具有伤害事故高发的特点。大众跑者在训练中方法不得当、缺乏专业指导、自身防护意识不够等问题，再加上处理运动损伤的办法不科学都可能使大众跑者遭遇运动伤病。马拉松运动伤病的出现不仅给跑者个人带来不同程度的伤害，也给马拉松运动的发展以及全民健身带来极大的负面影响。

通过对马拉松运动损伤人数进行统计发现，37.9%的大众跑者没有出现过运动损伤，62.1%的大众跑者在运动中出现过不同程度、不同部位的运动损伤，损伤部位主要以膝关节、踝关节等下肢关节为主（表2–6）。其中56.8%的大众跑者膝关节存在运动损伤，23.2%的大众跑者踝关节存在损伤，说明运动损伤在大众跑者中很常见（表2–7）。马拉松运动伤病的高发，导致高达81.1%的大众跑者认为目前非常需要了解马拉松运动伤病的预防与恢复相关知识，渴望通过了解运动伤病预防与恢复的相关知识使自己在参与马拉松运动时最大限度地规避运动伤害（表2–8）。

表 2–6 大众跑者在马拉松运动中出现过运动损伤的情况（N=95）

是否经历	频数	比例（%）
是	59	62.1
否	36	37.9

表 2–7 大众跑者目前存在运动损伤的部位（N=95）

损伤部位	频数	比例（%）
膝关节	54	56.8
踝关节	22	23.2
脚部位	19	20.0
小腿部位	16	16.8
其他部位	16	16.8

表 2–8 大众跑者对马拉松运动伤病预防与恢复方面的需求情况（N=95）

需求程度	频数	比例（%）
非常需要	77	81.1
比较需要	15	15.8
一般需要	3	3.2
不太需要	0	0
完全不需要	0	0

大众跑者对于马拉松运动伤病的预防与恢复的方面存在的需求表明，在提倡科学参与体育运动的背景下，马拉松伤病的预防与恢复相关知识应

在大众跑者中推广普及，使马拉松伤害事故的风险最小化，保障大众跑者安全参与体育运动。

3. 大众跑者关于马拉松运动营养补给方面的需求

营养补给在马拉松运动的任何阶段都是至关重要的，是影响大众跑者参与马拉松运动的又一重要因素。马拉松项目运动时间长、消耗能量大，合理地摄入营养补给会为缓解运动疲劳、加快身体机能的恢复起到良好的促进作用。

通过调查了解到参与马拉松运动进行营养补给的共有83人，占调查总人数的87.4%（表2–9）。对于大众跑者购买营养补给品的调查，其中67人，占总人数的70.5%的大众跑者会专门为参与马拉松购买营养补给品（表2–10）。对于大众跑者在营养补给方面的需求程度调查，其中有42名跑者，占总人数的44.2%，表示非常需要了解运动营养补给的相关知识；有37人，占总人数的38.9%，表示比较需要了解营养补给方面的知识（表2–11）。足以说明营养补给需求是大众在参与马拉松运动后产生的另一大需求，大众跑者希望通过最科学、最规范的方式进行营养补给。也反映出大众渴望在购买营养补给品中得到相关指导，更加注意到营养补给在马拉松运动中的重要性。

表 2–9　大众跑者进行马拉松运动营养补给情况（N=95）

是否进行	频数	比例（%）
是	83	87.4
否	12	12.6

表 2–10　大众马拉松跑者购买运动补给品的情况（N=95）

是否购买	频数	比例（%）
是	67	70.5
否	28	29.5

表 2–11　大众跑者对于营养补给方面的需求情况（N=95）

需求程度	频数	比例（%）
非常需要	42	44.2
比较需要	37	38.9
一般需要	13	13.7
不太需要	3	3.2
完全不需要	0	0

4. 大众跑者关于马拉松运动服务方面的需求

服务环节对于马拉松运动是必不可少的，主要表现在马拉松运动训练时和参赛时的服务需求。如北京马拉松协会主要采用网络微信公众号报名的方式进行预约训练，训练中在志愿者（教练）带领下进行训练活动，有大量的服务志愿者为大家提供看包、补给、拉伸放松、拍照等服务。另外，大众跑者在参与马拉松赛事时也需要必要的服务，比如物品存取服务、赛中补给服务、赛道指引服务、安全服务等等，组委会一般选用大量的志愿者和专业的裁判为参赛人员提供服务。

如表2–12所示，通过对吸引大众跑者参与赛事的原因调查了解到共有36人，占总人数的37.9%会被赛事服务所吸引选择参赛；有19人，占总人数的20.0%会因赛事组织选择参加马拉松赛事。马拉松运动的火爆发展下，赛事服务成为吸引大众跑者参与马拉松赛事的主要原因。大众跑者不断要求赛事举办方提供优质的赛事服务和良好的组织管理。

表 2-12 吸引大众跑者参与马拉松赛事原因的情况（N=95）

参赛原因	选择频数	比例（%）
赛事服务	36	37.9
赛事组织	19	20.0
赛事设计	2	2.1
赛事级别	10	10.5
举办城市	14	14.7
其他	14	14.7

通过对大众马拉松跑者需求的调查发现，目前大众跑者在马拉松运动训练、伤病预防、营养补给、服务等方面存在较大程度的需求。调查也反映出大众跑者在参与马拉松时存在一系列的问题。正是因为如此，才有必要在当下马拉松运动快速发展契机下对马拉松运动进行新视角的研究，进而在首都五所高校的田径课程中开发马拉松教学资源。将马拉松运动融入高校的田径课程体系中，在教学中传授马拉松的相关知识。从而推动马拉松运动的良性发展，促进马拉松相关知识的传播。

第二节　高校田径课程资源开发的基本情况

一、课程资源分类

1. 课程资源的分类

课程资源包含的内容丰富且覆盖的范围较大，目前学者在研究课程资源时主要参考饶玲主编的《课程与教学论》一书对于课程资源的分类（表 2-13）。

表 2-13　课程资源分类

课程资源分类	包含内容
课程资源的功能	①素材性资源：知识、经验、技能、价值等
	②条件性资源：人力、物力、财力、设施等
课程资源的空间分布	①校内课程资源：师资、校内场馆和设施等
	②校外课程资源：家长、健身公园等
课程资源的性质	①自然课程资源：山脉、树林、沙地等
	②社会课程资源：社会公共设施、科技馆等
课程资源的存在方式	①显性课程资源：教材、计算机、场地器材等
	②隐性课程资源：经验、风气、师生关系等
课程资源存在形态	①物资形态课程资源：教育培训机构、教学设备等
	②精神形态课程资源：生活方式、人际关系、学风等

续表

课程资源分类	包含内容
课程资源目前的可利用要素	①校内课程资源：实验室、图书馆、教学设施等
	②校外课程资源：博物馆、科技馆等
	③信息化课程资源：网络、广播等
课程资源的管理要素	①课程人力资源：教师、学生、家长等
	②课程物力资源：教材、场地器材等
	③课程财力资源：学校教育经费、社会捐款和赞助费等
	④课程信息资源：知识、网络信息等

这是目前理论界普遍认同的分类方式。虽然人们所处的研究领域和教育环境不同，对课程资源的认识观和价值观存在一定的差异，对课程资源结构分类的思维观和方法论也不尽相同，但目前涉及课程资源的研究大多采用此分类标准。

2. 体育课程资源的分类

谢静月在《对普通高校体育课程教学资源的研究》一文中根据其内容性质分为：人力资源、信息资源、环境资源三种，其中，环境资源又可以分为自然环境资源、校内环境资源和校外环境资源，校外环境资源应作为课程资源开发的延伸方向，具体内容见表2–14[①]。

① 谢静月.对普通高校体育课程教学资源的研究[J].成都体育学院学报，2004（1）：88–90.

表 2-14　体育教学资源的分类

资源类别	内容
人力资源	有体育特长的教师、班主任、家长、学生骨干等
设施资源	校内外体育场馆设施，合理使用有限的财力和物力等
运动项目资源	对现有运动项目的改造、传统体育项目的开发
媒体资源	利用广播、电视、网络等信息，充实、更新课程内容
课外校外资源	家庭体育、社区体育、体育夏令营、体育节、郊游等
自然环境资源	空气、阳光、江河、森林、田野、高山、大海等

在人力资源开发方面，除了校内体育教师、校医、社会体育指导员、学生外，还应充分发掘社会人力资源，包括校外体育专家学者、体育俱乐部教练等。在体育环境资源的开发中，除了要完善学校的各种体育设施，充分发挥体育器材的使用效率，还要使体育课程与互联网等新媒体相结合，实现体育课程在线教学。还要有意识地去开发校外环境资源，进而使体育课程趋于教学内容的全面化和教学形式的多样化。在体育课程信息资源的开发方面，要明确信息资源的掌握对于更新现有的体育课程内容具有重要意义，通过现有条件从多方面获取与体育课程开展相关的有益信息，保障体育课程内容与形式的先进性和科学性[①]。

3. 田径课程资源的分类

《体育院校田径课程资源的开发与利用》在总结现有研究成果和先进经验的基础上，对课程资源的概念和分类进行了综合梳理，认为田径课程

① 中华人民共和国教育部.体育（1—6年级）体育与健康（7—12年级）课程标准（实验稿）[S].北京：北京师范大学出版社，2001.

资源可以分为人力资源、内容资源、场地器材资源、校内和校外课程资源、田径信息资源、田径隐性课程资源。

《甘肃省本科院校体育教育专业田径课程资源利用与开发的现状及对策研究》中对田径课程资源的分类如表2-15所示。

表 2-15　田径课程资源分类

资源类别	内容
田径课程人力资源	田径教师、田径专家、学生、其他教师、家长等
田径课程内容资源	传统田径运动项目、一些新兴的田径运动项目等
田径场地器材资源	田径场馆设施、器材配备、多媒体
田径自然地理资源	自然景观资源、地理地质资源
田径信息资源	教材书籍、报刊、广播、电视、网络等
田径时间资源	课堂教学时间、学生参加田径学习时间、田径锻炼时间等

二、高校田径课程资源开发情况

本章的第二、三节通过对首都五所高校田径课程资源开发情况进行调查，了解相关情况。

1. 首都五所高校田径课程人力资源开发的情况

人力资源是指“劳动力资源”或“劳力资源”，是在某种范围内具备某些劳动能力的人群总称。它表现为人具有相应的知识、技能、经验、资历等特征。田径课程人力资源是在田径课程中的指导者和帮助者，他们直接影响学生学习和锻炼的效果，主要包括学校领导、田径教师、田径运动员、学生、其他教师、家长等，在田径课程的实施过程中人力资源占据重要地位，对于课程的开展起到关键作用。

教师作为重要的课程资源，其自身的知识结构、能力素质、价值取向在课程实施过程中发挥着无可替代的作用。本书对首都五所高校田径教师的职称情况进行了解和统计，从总体上反映出五所高校田径教研室的师资水平（表2–16）。

表 2–16　首都五所高校田径教师职称的情况

所在院校	教授	副教授	讲师	助教	共计人数
北京体育大学	8	9	8	2	27
首都体育学院	7	5	2	1	15
北京化工大学	1	2	1	0	4
中央民族大学	2	2	1	0	5
首都师范大学	1	1	0	1	3

通过表格了解到首都五所高校拥有丰富的田径教师人力资源。其中有19名田径教师具有教授职称，19名教师具有副教授职称。这说明这五所高校在人力上拥有众多的田径教学专家和雄厚的师资力量。这些田径教学专家是首都五所高校田径课程资源开发工作的重要人力资源。

根据数据统计得出，首都五所高校的田径教师每学期的外出培训学习机会较多，其中16位教师，占总人数的57.2%，每学期外出参加1 — 2次关于田径课程方面的会议、培训；有4人，占总比例的14.3%，每学期参加3 — 4次（表2–17）。但是关于田径课程资源开发的学习机会却很少，其中有23人，占总比例的82.1%，每学期没有外出参加关于课程资源开发的培训或会议的机会（表2-18）。这样下去势必会导致教师对于田径课程资源开发了解得不够深入，对田径课程资源开发工作不积极。另外通过访谈了解到五所高校部分田径教师对田径课程资源的认知较为模糊，课程理念转变滞后依旧按照教学大纲进行教学。忽视了新的课程资源具有发展学生智能、拓宽学生视野、激发学生学习兴趣、培养学生综合素质等重要作用，导致不能与时俱进地进行田径课程资源开发工作。

表 2-17 教师每学期参加田径课程方面的培训、会议的情况（*N*=28）

参会次数	选择频数	比例（%）
0次	6	21.4
1—2次	16	57.1
3—4次	4	14.3
5—6次	2	7.1
7次及以上	0	0

表 2-18 教师每学期参加田径课程资源开发方面培训的情况（*N*=28）

参会次数	选择频数	比例（%）
0次	23	82.1
1—2次	4	14.3
3—4次	1	3.6
5—6次	0	0
7次及以上	0	0

学生在新的课程理念下不应该被动地参与到田径课程的实施过程中，尤其从体育课程角度，更应该作为宝贵的课程人力资源来审视和挖掘。发

挥学生在课程中的主体作用，充分激发他们的想象能力和创造能力。调查访谈首都五所高校的田径教师后发现，60.7%的田径教师认为学生是重要的课程人力资源，应该成为课程资源开发的重点对象（表2–19）。但是调查了解到在实际的授课过程中由于田径课时少、任务重等因素的限制，教师忽视了对田径特长生新的教学方法的开发，导致大量的学生人力资源没有被很好地开发。

田径课程还有很多其他的人力资源。通过对教师在田径课程中是否进行其他人力资源的开发调查，其中有26人，占总比例的92.9%的田径教师在课程中应用过其他人力资源（表2–20）。除了教师和学生校内人力资源，有7人，占总人数比例的25.0%的教师在课堂中请过有田径特长的学生家长帮助授课；另外有12人，占总人数比例的42.9%的教师在课程中开发过其他专业的田径教练、运动员辅助授课（表2–19）。在高校中的党委团委、体育社团、学生会等组织部门的人力，以及校内其他有特长的教师、校医，校外的学生家长、体育职业者、社会体育指导员、关心学校体育活动的社会团体组织等等都是可以在田径课程中开发的人力资源。

表2–19　教师在田径课程中开发人力资源的情况（*N*=28）

人力资源分类	选择频数	比例（%）
教师	19	67.9
学生	17	60.7
家长	7	25.0
田径教练、运动员	12	42.9
校医	0	0
其他人力资源	3	10.7

表 2-20 教师在课程中开发课程人力资源的情况（N=28）

是否开发人力资源	选择频数	比例（%）
是	26	92.9
否	2	7.1

2. 首都五所高校田径课程内容资源开发的情况

课程内容是教师进行教学的基础，教师通过教学活动将课程内容有效地传授给学生，促进教学目标的实现。在进行课程资源开发时，要特别注意开发内容应与学生、社会的需要有关。学校和教师在开发新兴运动项目时，还要根据实际情况对项目进行适当的改造。对于许多民族的传统体育活动以及新兴的体育项目都可以通过结合田径运动项目的特点改造，将其开发在高校的田径课程中。

通过调查了解到目前有60.7%的田径教师没有进行新兴项目的授课；有39.3%的教师除了按照教学计划对固定的田径项目进行授课外，还将新兴运动项目开发到田径课程中，包括带领学生少次数地进行徒步、登山、定向越野等运动（表2-21）。21.4%的田径教师带领学生参加徒步活动，10.7%的教师与学生共同参加爬山活动，但更多的教师不认可在现有田径的教学中开发其他的运动项目进行授课（表2-22）。这说明首都五所高校在田径课程内容资源的开发工作中存在不足。在原来田径课程授课内容的基础上增加新兴的运动项目进行授课，一方面可以激发教师终身学习，不断完善自己的知识储备。另一方面可以营造田径课程积极热烈的运动气氛，从而提升学生对于学习田径运动的兴趣。

表 2–21　田径教师对新兴项目进行教学的情况（N=28）

是否有新兴项目的教学	选择频数	比例（%）
是	11	39.3
否	17	60.7

表 2–22　教师带领学生参加新兴运动项目的情况（N=28）

项目类别	选择频数	比例（%）
定向越野	2	7.1
徒步	6	21.4
攀岩	0	0
登山	3	10.7
没有项目	17	60.7
其他项目	0	0

由表2–23可以看出，五所高校中田径课程大致分为专选课、必修课、选修课等类型。授课内容根据课程类型的不同有所不同。北京体育大学和首都体育学院作为专业的体育院校，在田径课程中注重培养学生的田径运动技能和田径专业理论知识，为将来的体育工作打下坚实的基础。而其他三所综合性院校的田径课程是以帮助学生掌握运动技能、引导学生参与体育运动和增强学生体质为主。

表 2-23 首都五所高校中田径课程目前的授课内容

学校名称	田径授课内容
首都体育学院	田径专选课、田径必修课、田径选修课等课程类型。以短跑、跨栏、铅球、标枪、跳高、跳远、长跑等田径项目为授课内容
北京体育大学	田径专选课、田径必修课、田径选修课等课程类型。以短跑、跨栏、铅球、标枪、跳高、跳远、长跑等田径项目为授课内容
中央民族大学	田径选修课（公共体育课），包括跑、跳等基础田径内容
北京化工大学	田径选修课（公共体育课），包括跑、跳等基础田径内容
首都师范大学	田径选修课（公共体育课），主要以体能为主要授课内容

3. 首都五所高校田径课程场地器材资源开发的情况

课程场地器材资源是田径教学活动不可缺少的物质条件，设施资源的配备对田径教学效果具有重要影响。田径场地器材资源主要包括田径场馆设施、训练器材等。《普通高等学校体育场馆设施、器材配备目录》（以下简称《目录》）作为国家教育行政部门制定颁发的指导性文件，要求各级教育行政部门在加大对各高校体育场地设施的资金投入的同时，做好使用体育场地器材设施的监督与管理工作。因此，高校应在《目录》指导下有计划、有步骤地逐步完善学校的场地器材资源。这要求高校不仅要合理配置场地资源，充分挖掘和发挥现有田径场地的使用功能，还要深度挖掘现有田径器材的潜在价值功能。

《目录》中对于学校体育场地器材做出明确要求，学校应具备基本配备类和发展配备类两种场地器材资源，其中基本配备类分为必配类和选配类。必配类是考虑学校的现实水平的基础上，在学校体育教学以及学生课外体育活动的需求下，各学校必须按照要求配备的场地器材和体育设备设施。选配类是各高校根据自己的实际情况，自主根据学校的体育教学活动和学生课外体育活动的实际需要进行配备的场地器材和体育设备设施。发展配备类是学校根据其办学目标的定位，从数量和质量上全面提高学校教学条件以满足师生对于场地器材资源的需求出发，主动更新学校的场地器材，设施设备。

近年来五所高校不断加大对于体育器材场地的投入（表2-24）。原因主要有两方面，一方面五所高校地处北京，较其他地方而言有丰富的资源配置和资金储备。另一方面是近年来国家普及教育，加大教育经费的资金投入，使得学校不断进行扩招，学生人数与日俱增，不得不完善教学条件。由表2-25可以看出，目前有57.1%的田径教师认为，所在学校目前的体育场地设施、器材资源比较满足日常教学所需。也存在14.3%的田径教师认为目前的田径场地器材资源不太满足教学的需要。从整体上看首都五所高校的场地器材资源可以满足日常的教学需求。

表 2-24　五所高校田径教学场地一览

学校名称	场地情况
首都体育学院	1座室内田径馆、1块标准400米田径场、1座首都大学生体育馆
北京体育大学	2座室内田径馆、3块标准的田径场、1座国家队训练馆
北京化工大学	东校区，1块标准的400米田径场
首都师范大学	良乡校区，1块体育场地、1块200米的塑胶场地
中央民族大学	1座体育馆、1块标准400米田径场、1块全民健身场地

表 2-25 场地设施、器材满足日常教师教学需要的情况（*N*=28）

满足程度	选择频数	比例（%）
非常满足	1	3.6
比较满足	16	57.1
一般满足	7	25.0
不太满足	4	14.3
完全满足	0	0

新的场地会提升学生学习的主动性，而器材资源的不断开发不仅满足当下我国提出的供给侧结构性改革对于资源配置的基本要求，同时对学生田径运动技术的学习和运动成绩的提升起到至关重要的作用。从表2-26了解到60.7%的教师只是偶尔为田径课程开发新的场地、器材资源，7.1%的教师甚至从来没有为田径课程开发新的场地、器材资源。说明目前五所高校的场地、器材资源的开发情况不容乐观。

表 2-26 教师开发校外田径场地、器材资源的情况（*N*=28）

选项	选择频数	比例（%）
经常开发	2	7.1
有时开发	7	25.0
偶尔开发	17	60.7
从不开发	2	7.1

4. 首都五所高校田径课程自然地理资源开发的情况

自然地理资源由自然景观资源和地理地质资源组成，被誉为绿色体育课程资源。新的教学理念下，学校不应封闭在校园内，应该充分开发一切可利用的自然地理资源来开放学校。自然地理资源的内容与形式丰富多彩，适合大学生积极、阳光的身份特征，可以激发他们的学习兴趣和爱好。但是要做到因人制宜、因地制宜、因时制宜地开发自然地理资源。比如在田径运动中因为必须摄入大量氧气而选择氧气含量高的地方；跳跃、投掷、障碍跑等田径运动练习选择在沙丘场地进行；跑步的速度爆发力等练习选择在山地中上下坡进行，都是在利用自然地理资源。

通过调查了解到有60.7%的田径教师根据北京气候特点进行教学，例如在着装较厚重，身体机能下降的时机来提升学生的运动成绩等；另外有39.3%的教师带领学生在不同的地形进行田径运动，例如山脉、丘陵、平原；有50.0%的田径教师在课程中开发过北京的沙地、土地等地貌用来进行跑步和跳跃练习（表2–27）。说明自然地理资源在田径课程实施过程中的重要地位。但是在访谈中也了解到要想在田径课程中开发新的自然地理资源并不是十分容易的。教师们主要是出于安全方面的考虑，毕竟在自然地理环境中授课时可能存在一些危险的因素。有的学校也不允许教师在校外进行田径课程，教师如果有外出教学的请求时必须向学校主管部门做出申请且必须有充足的理由。另外少部分教师工作压力大，自然地理资源在课程中的开发工作势必在前期要做好充足的准备，这使得本来繁忙的工作任务变得更加难以应对（表2–28）。总体来说目前教师在田径课程中开发自然地理资源还不足，说明目前高校对于课程自然地理资源开发的重视程度不够。

表 2-27　教师在田径课程中开发自然地理资源的情况（N=28）

选项	选择频数	比例（%）
北京的地形	11	39.3
北京的气候	17	60.7
北京的地貌	14	50.0
其他	3	10.7

表 2-28　限制教师在田径课程中开发自然地理资源的主要原因（N=28）

主要原因	选择频数	比例（%）
考虑安全问题	11	39.3
加大工作量	17	60.7
学校不允许	14	50.0
出问题承担责任	3	10.7
其他原因	0	0

5. 首都五所高校田径课程信息资源开发的情况

课程信息资源主要是通过广播、电视、网络等多种媒介获取的信息，可以不断丰富和更新田径教学内容资源，有助于田径基础课程更好地开展。21世纪，人类已经进入一个科技高度进步、工业高度发展、人类高度文明的新时代。随着电子化、信息化技术的不断变革，科学技术手段正不断地进入田径教学中，极大地丰富着田径课程的信息渠道。

《全国普通高等学校体育课程教学指导纲要》明确指出，充分利用各种媒介获取信息，不断充实、更新课程内容。在五所高校中，教材是师生获取田径信息的首要手段，53.6%的田径教师认为教材提供最具价值的田径知识信息；25.0%的教师认为便捷的网络可以了解最前沿的田径动态；10.7%的田径教师认为外出学习是获取田径信息的渠道，能够提升个人的田径知识储备。另外还有个别的教师通过体育期刊、与他人交流沟通、电视、校园广播等渠道获取信息资源（表2–29）。不论使用哪种方式获取田径信息资源，都可以增长学生的田径知识，丰富田径课程的内容，培养学生新的学习方式。

表 2–29　教师认为获取田径信息的主要途径（*N*=28）

信息来源	选择频数	比例（%）
田径教材	15	53.6
网络	7	25.0
外出学习	3	10.7
体育期刊	1	3.6
与他人的交流	1	3.6
电视、校园广播	1	3.6
其他方式	0	0

6. 首都五所高校田径课程时间资源开发的情况

时间也是进行田径教学的宝贵资源之一，要积极开发时间资源进行田径运动的学习。田径课程时间资源包括课堂教学时间和课余学习田径运动的所有时间，包括上课时间、参赛时间、锻炼时间等。《全国普通高等学校体育课程教学指导纲要》指出："要有计划地将课外体育锻炼、校外体育锻炼等时间段纳入体育课程。"教师除了要合理利用体育课堂时间，还要注重课余时间的开发，组织学生积极参与多种形式的课外体育活动，不断丰富学生的课余文化生活。体育场地比较紧张的学校要注意活动时间安排合理，高效分配场地资源。

教师对于学生学习田径的时间做了多项选择。28位田径教师一致认为课堂是学习田径运动的宝贵时间；有19人，占比67.9%的教师认为课外学习时间也是可以学习田径知识的时间；另外分别有占比50.0%和32.1%的教师认为课外锻炼时间和参加田径比赛的时间同样属于田径学习的时间（表2–30）。

表2–30　教师认为学生可以学习田径的时间（*N*=28）

时间段	选择频数	比例（%）
课堂教学时	28	100
课外学习时	19	67.9
课外锻炼时	14	50.0
参加田径比赛时	9	32.1
其他时间	5	17.9

要想使学生更好地学习掌握田径运动技术达到课程目标，就必须适当延伸田径课程的学习时间。使田径课程学习时间向课外延伸，变有限的课堂时间为无限的学习时间。通过调查可知，占比82.1%的田径教师在课后为学生布置课外任务，引导学生通过课外时间自主进行田径运动的学习（表2–31）。一方面可达到强身健体的作用，为田径课程学习做好身体保障；另一方面通过课外体育活动延长田径课程学习时间，学生可以加强田径课上未能掌握的技能的练习，弥补了田径课程课时少、项目多、练习时间短的不足。

表 2-31 教师布置课外田径作业的情况（N=28）

是否布置作业	选择频数	比例（%）
是	23	82.1
否	5	17.9

第三节 马拉松运动进入田径课程的问题与对策

一、首都五所高校马拉松课程资源开发的现状

1. 影响高校马拉松教学资源开发的因素

（1）马拉松项目的自身局限性。

马拉松项目属于典型的体能类耐力型项目，有氧代谢为主和肌肉长时间的持续工作是其最大的项目特点，参与马拉松运动存在一定的风险。马拉松运动需要跑者有足够的耐力、意志力和优秀的供能系统，因此对个体的机能考验相当大。这也是长跑在高校无法开展的主要原因。笔者了解到目前国内高校学生普遍厌烦长跑运动，这使得长跑活动在高校开展难上加难。

（2）学校对于课程资源开发的重视程度。

目前田径课程资源的开发工作还没有得到学校的高度重视。学校的领导应该具备敏锐的洞察力，善于在新的时代背景下，不断对继承了优良传

统的学校教学工作进行改革创新，这样才能使整个团队开拓进步。当前在田径教学中按照教学计划对固定的运动项目进行知识及技能的传授，忽视了学生身心所需，在课程中强调追求掌握田径技术，缺乏对于学生田径素养的培养，更忽视了学生田径参与性、健康性以及适应性的培养。而这些都是影响学生成才发展的重要因素。所以学校应该加大对田径课程资源开发工作的重视程度，将田径课程资源的开发工作作为改善田径课程现状的突破口，有针对性地对田径教学中的薄弱环节进行完善。

（3）教师的知识能力结构。

进入21世纪以来，人们已经从阶段性学习过渡到终身学习。当下的大好形势给教学科研工作带来良好的机遇又带来严峻的挑战，教师的知识能力结构影响着教育思想，也影响着田径课程资源开发的识别范围、开发的程度以及发挥的效益水平。知识渊博的教师能在课程资源开发过程中抓住每个创新、开拓的机会，形成自己独特的课程资源开发方法，推动课程资源开发的良性发展。

2. 马拉松课程的人力资源

新时代背景下，田径运动在不断地更新发展，人们的运动需求不断发生变化，必须不断在课程中开发新的人力资源，使田径课程人力资源得以不断扩充，为田径课程的良好发展增添动力。

根据调查了解，60.7%的教师认为高校在马拉松运动发展下最主要的课程人力资源是田径教师。通过对首都五所高校田径教师的职称进行统计，其中具有教授和副教授职称的教师就要占一多半，他们将是开发马拉松运动的重要人力资源。我国早期课程资源的开发学习苏联模式，由国家掌控，到了1999年，国家着手推行新一轮基础课程改革工作，开始放宽对体育课程的统一管理硬性模式，实行国家、地方、学校三级管理模式。

这种时代背景下教师们可以积极投身到课程资源开发工作中，将田径课程打造成符合新时代的课程要求、适合本校学生的特点、能够适应新的社会需求、不断吸引学生积极参与的田径课程体系。因为只有教师最了解学生，并以此为根据开发各种资源各种类型学生的发展需要。

通过调查，53.6%的田径教师认为可以把热爱参加马拉松运动的学生作为人力资源开发在田径课程中。新时期的三级课程管理模式和自主选课模式本身就为培养大学生提供多种选择，充分尊重和满足学生的差异性特点和多样化需求。在田径课程中开发学生人力资源，真正地将学生作为课堂的主体并亲自参与课程的策划和实施，而不是机械地接受知识。这样有助于调动学生参与课堂的积极性，激发学生的个性的展示。使学生在不过分强调竞技技术的课堂环境下享受运动带来的快乐，最终在体验田径运动乐趣的同时成为教师教学的得力助手（表2–32）。

表 2–32　马拉松发展下可开发人力资源的情况（N=28）

人力资源	选择频数	比例（%）
对马拉松运动感兴趣的田径教师	17	60.7
经常参与马拉松运动的学生家长	10	35.7
经常参与马拉松运动的学生、校友	15	53.6
马拉松赛事的工作人员	6	21.4
其他人力资源	4	14.3

马拉松运动不断发展为田径课程提供众多其他人力资源，近几年先后成立了清华大学校友跑步爱好者协会、北京大学国家发展研究院跑团、中国人民大学马拉松协会等一系列高校马拉松组织。这些组织中的跑者是由

酷爱马拉松运动的学生家长、经常参与马拉松运动的学生、校友、北京马拉松赛事的工作人员等组成。他们驻扎在马拉松运动的第一线，对于马拉松运动有充分的了解，所以应该作为人力资源开发在首都五所高校的田径课程中。

3. 马拉松课程的内容资源

将马拉松引入高校田径课程中，开发适合学生学习的马拉松知识作为课程内容资源时，不仅要符合田径课程的基本理念，还应充分考虑时代背景下人们参与体育活动的真切需求。

通过对首都五所高校的田径教师进行调查了解到在田径课程中融入马拉松教学相关内容的教师极少，只占教师人数的17.9%，82.1%的教师目前没有涉及马拉松运动项目教学（表2–33）。从当下马拉松运动的蓬勃发展以及大众参与马拉松运动产生的运动需求等方面考虑，应该在田径课程中选择恰当的时间增加必要的马拉松教学内容。通过调查教师没有在田径课程中涉及马拉松教学内容的原因发现，10.7%的田径教师对于马拉松相关知识缺少了解；35.7%的教师认为在田径教学大纲中不涉及马拉松的教学内容；14.3%的教师认为学校的场地器材资源目前无法满足进行马拉松教学的需要；21.4%的教师出于安全考虑认为马拉松项目不适合教学，还有17.9%的教师认为学生不喜欢长跑运动（表2–34）。从教师选择可以看出马拉松目前虽然开展火爆，但在田径课程中开发相应的教学内容还不容易。

表 2–33　教师在田径课程中融入马拉松教学的情况（*N*=28）

选项	选择频数	比例（%）
是	5	17.9
否	23	82.1

表 2–34　教师没有涉及马拉松教学的原因（N=28）

主要原因	选择频数	比例（%）
欠缺马拉松相关的知识	3	10.7
教学大纲无此内容	10	35.7
场地器材的限制	4	14.3
为学生安全考虑	6	21.4
学生不喜欢	5	17.9
其他原因	0	0

教师们对于田径课程中引入马拉松教学的内容做了多项选择。42.9%的田径教师认为应该在田径课程中讲授马拉松训练的相关知识；28.6%的教师选择对运动伤病相关知识进行讲授；14.3%的教师认为可以讲解马拉松理论相关知识，例如马拉松运动的供能方式、马拉松的裁判法则等（表2–35）。教师的观点结合上文马拉松大众跑者的需求来看，首都体育学院和北京体育大学作为专业的体育院校培养体育人才，所以在马拉松内容的开发过程中注意指导学生专业能力的培养，着重培养马拉松运动指导人才，为将来服务于马拉松大众跑者提供人才储备。其他的三所学校可以在田径课程中将马拉松知识作为了解内容，并推动学生参加长跑活动。一方面可以改善校园长跑开展困难的现状增强学生的身体素质，另一方面增加课程的授课内容，提升田径课程的实用性。

表 2–35　教师认为在田径课程中可以开发的马拉松内容（N=28）

知识类别	选择频数	比例（%）
马拉松训练相关知识	12	42.9

续表

知识类别	选择频数	比例（%）
伤病预防相关知识	8	28.6
理论相关知识	4	14.3
马拉松赛事组织相关知识	5	17.9
其他知识	0	0

4. 马拉松课程的场地器材资源

如果在田径场跑道上进行马拉松运动的确相当枯燥，跑者更希望在沿途有美丽景观的场地进行马拉松运动。笔者了解到北京市目前存在大量可进行马拉松及相关路跑活动的场地，具有安全、舒适、免费等特点。因此，可以将校外的场地开发在田径课程中，拓宽校外场地资源。

通过调查了解到50.0%的教师认为学校当前的场地、器材资源比较满足开展马拉松运动的需求；25.0%的教师认为一般满足；而还存在少部分教师认为现有的场地、器材不能满足在校内开展马拉松运动的需求（表2-36）。因此，校外的场地资源可以作为高校场地的补充。

通过调查，78.6%的教师选择田径场；21.4%的教师选择校园马路作为校内的马拉松运动场地；50.0%的教师选择健身公园；7.1%的教师选择城市马路；10.7%的教师选择马拉松赛道作为校外马拉松运动场地（表2-37）。所以说明当前可以开发在田径课程中的马拉松运动场地非常多。

表2-36 学校的场地器材资源能否满足开展马拉松运动的需求（*N*=28）

满足程度	选择频数	比例（%）
非常满足	0	0
比较满足	14	50.0

续表

满足程度	选择频数	比例（%）
一般满足	7	25.0
不太满足	5	17.9
完全满足	2	7.1

表 2-37　教师认为马拉松运动发展下可以开发的场地（*N*=28）

场地	选择频数	比例（%）
田径场	22	78.6
校园马路	6	21.4
健身公园	14	50.0
城市马路	2	7.1
马拉松赛道	3	10.7
其他场地	0	0

从器材方面的开发来讲，马拉松运动所需要的器材较少，只需舒适专业的衣物跑鞋即可随时随地进行跑步训练。但是在马拉松赛事中或田径教学中需要准备的器材和物资却多种多样，包括指引牌、标志桶、帐篷、路标、海绵、计时器等，这些都是开展马拉松运动必不可少的器材资源。但目前国内马拉松赛后器材等物资的处理工作存在不足，造成资源的浪费和流失，高校可以通过一定途径回收作为田径课程器材资源加以开发。

5. 马拉松课程的自然地理资源

体育运动的开展离不开自然地理资源的支持，马拉松运动要求在空气清新、阳光明媚、安全性好的地方进行，应在开发马拉松教学资源的契机下将自然地理资源更多地引入到田径课程中。让学生学习田径运动的同时培养大学生适应气候、地理环境的能力，促进其身心健康的发展。

北京位于中华人民共和国华北平原北部，属温带季风性气候，冬夏长，春秋短，夏季高温湿润，冬季寒冷干燥，蕴藏着丰富的气候地理资源。山区面积10200平方公里，约占总面积的62%，平原区面积为6200平方公里，约占总面积的38%；地形西北高，东南低；平均海拔43.5米，平原海拔高度在20—60米，山地一般海拔1000—1500米；西部为西山属太行山脉，北部和东北部为军都山属燕山山脉。通过访谈了解到北京拥有发达的交通系统，各跑团经常组织跑者利用周六日到户外或山区进行长跑、徒步等活动，享受自然风光。这说明马拉松运动的发展为体育课程挖掘了更多的自然地理资源。

目前，城市人文风景是吸引跑者参与马拉松赛事的重要因素，北京是首批国家历史文化名城和世界上拥有世界文化遗产数最多的城市，拥有丰富的人文地理资源，可以将其与马拉松赛事融合并开发到田径课程中。

6. 马拉松课程的信息资源

马拉松信息资源是田径课程中应当获取了解的知识信息资源。从书籍、网络、媒体、电视、广播等途径获取的马拉松相关信息，可以不断更新和充实田径教学内容的动态和新闻。包括马拉松国内外赛事信息、马拉松训练方法、马拉松前沿动态等，都是田径课程可以了解的信息资源。

根据调查，82.1%的田径教师认为可以通过教材、期刊的学习掌握最核心的马拉松信息；67.9%的教师认为网络、电视可以浏览到关于马拉松方面的最前沿的动态和新闻；39.3%的教师认为师生间信息的交流传递可以探讨马拉松的相关问题；14.3%的教师认为外出培训学习可以在专业领域进行马拉松相关的学习（表2–38）。因此，多种多样的马拉松信息收集来源为田径课程获取充足的信息提供了保障。

表 2-38　教师认为可以获取马拉松信息的来源（N=28）

信息来源	选择频数	比例（%）
田径教材、体育期刊	23	82.1
电视、网络	19	67.9
外出学习	4	14.3
与其他教师、学生之间的交流	11	39.3
其他方式	0	0

通过实地考察了解到运动App等科技产品在跑者中的应用十分广泛。以“悦跑圈”这一款跑步软件为例，可以提供马拉松国内外赛事查询及介绍、训练方法指导、训练计划制订、营养补给选择、运动装备的甄选、马拉松前沿动态等全方位的信息资源（图2-1和图2-2）。这些信息资源是当下学生应该掌握的前沿动态，有必要作为课堂学习内容的补充，因此，多种多样的马拉松信息收集来源为田径课程获取充足的信息提供了保障。在现代教学模式中应大力使用。

图 2-1

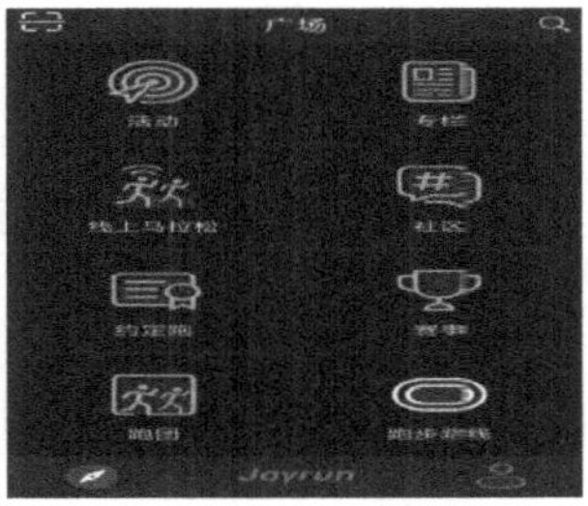

图 2-2

7. 马拉松课程的时间资源

时间作为重要的课程资源，可以使学生更好地学会和巩固运动技术及理论，达到课程目标。马拉松的项目特殊性导致无法完全在田径课程中进行马拉松运动，因此应尽可能地开拓课外时间来开展相应的活动，师生可以根据自身实际情况来选择参加活动。

包括北京实地举行的马拉松运动，比如各种挑战赛、不同主题的路跑活动、马拉松赛事等。也包括互联网上各种跑步“打卡”活动、线上马拉松等。不仅为师生提供更多机会参与马拉松运动，而且还扩充了师生参加体育运动的时间。

高校马拉松长跑协会、高校马拉松校友跑团、公益跑步训练营的火爆开展吸引了大众跑者广泛参与，也为进行马拉松及长跑运动提供更多的时间机会。以北京马拉松协会为例，它不仅为跑者提供训练指导、训练计划制订、定期培训等公益服务，还进行社交等活动。同样“运动分享”模式也深受马拉松大众跑者的青睐。跑者善于使用各种运动程序，来记录运动数据并分享运动动态，以此方式进行“打卡”激励自己参与长跑运动。以上参与马拉松运动的方式都会激励跑者参与长跑运动，争取更多的时间进行体育运动。

二、高校马拉松运动课程资源开发的对策

要清晰地意识到任何课程资源的开发工作背后既需要做大量深入细致的工作，也需要各方的协调配合。马拉松教学资源在首都五所高校田径课程中的开发绝不是一件容易的事情。首先要探寻马拉松运动发展下一切有可能进入田径课程、能够与田径教学活动联系起来的资源，充分挖掘其在

田径教育教学中的价值。通过对首都五所高校的田径课程资源的现状进行调查了解，笔者为马拉松教学资源的开发提出以下对策。

1. 田径课程人力资源的开发对策

（1）加强田径教师对课程资源开发的相关培训。

马拉松运动发展下，首都五所高校在田径课程中开发新的教学资源，应发挥教师的权利与职责，努力提升自己的专业素养和课程意识。完善田径教师培训和继续教育体制，将教师作为田径课程中开发马拉松教学资源的主力军。首先五所高校要加强田径教师的培训工作，尤其对于马拉松运动感兴趣或有研究的教师要着力培养。通过继续教育提升田径教师的业务水平，使田径教师做到在教学中重视课程资源的开发工作。在开发马拉松教学资源之际积极创建田径教师的培训学习基地，鼓励教师之间的学术交流沟通。

（2）高度重视学生人力资源。

五所高校教师要引导学生主动参与到田径教学工作中，使学生们将自己的经验水平、知识技能、思想意识、身体素质通通体现在课程中。教师要加强对有长跑特长和热爱马拉松运动的学生的培养，使他们成为教师的得力助手，在教学中帮助指导其他同学进行马拉松项目的学习，充分调动学生学习和参加长跑活动的积极性和主动性，在田径课程中发挥他们的价值。

（3）加强其他人力资源“引进”制度。

除了教师和学生，高校的人文环境中拥有大量的其他人力资源储备，首都人才聚集，有众多的体育人才。优秀的毕业生、培训机构教练员、科研人才等都是高校可以利用的人力资源。五所高校中存在众多的马拉松运动爱好者，而且大型马拉松赛事的举办会在高校中借调大量的学生志愿者、裁判员提供赛事服务。田径教师可以在条件允许的情况下与学校进行沟通，建立完善的“专家”进校园模式，定期邀请嘉宾进行交流。请他们进入田径课堂为学生讲解马拉松知识和个人对于马拉松运动独特的见解，带动师生参与马拉松及相关长跑运动。

2. 田径课程内容资源的开发对策

（1）改进传统马拉松项目，打造适合大学生的长跑活动。

目前，传统的马拉松赛事在五所高校中还不能被大多数教师和学生所接受，所以将马拉松运动原封不动地引入田径课程是不现实的，但是完全将马拉松运动的意义和价值否定也是不理智的。所以五所高校在开发马拉松教学内容时应根据学校和学生的现实情况，将其进行改造，降低马拉松运动的难度，在运动过程中强调健身性和趣味性，以促进师生身心健康的发展为目的来开发马拉松教学资源，尽量使用田径课程拓展时间或课余时间进行马拉松运动，讲解马拉松相关知识。

（2）引入校园马拉松运动，创建良好健身环境。

随着马拉松运动的发展，除了传统的马拉松赛事，还衍生出各种形式的马拉松相关赛事。近年来校园马拉松运动在国内各地普遍开展，意在倡导跑步精神，激发大学生对跑步运动的热情，营造高校良好的体育文化氛围（图2–3至图2–6）。五所高校应在校园马拉松运动火爆开展的契机下积极开展校园马拉松运动或不同主题的、不同意义的长跑活动。五所高校可以接力举办校园马拉松赛事等联谊赛事活动，由学生亲自设计赛事活动流程、奖牌、赛事路线，组织大量学生亲自参与组织赛事。充分调动学生参与校园马拉松运动的积极性，促进高校之间的交流。

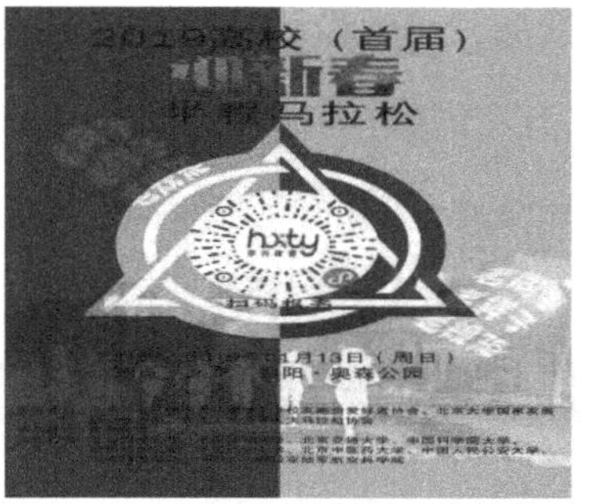

图2-3

图2-4

图2-5

图2-6

3. 田径课程场地器材资源的开发对策

（1）充分利用首都校外马拉松运动场地。

2008年北京奥运会申办时，北京市政府应国际奥组委要求修建一个免费开放的全民健身场所——奥林匹克森林公园，奥林匹克森林公园如今已经成为跑者进行长跑运动的健身宝地（图2-7和图2-8）。除了举办大大小小的马拉松及相关赛事外，它也是多个长跑俱乐部和协会进行马拉松运动训练校外场地的首选，高校教师可以充分地利用这类场地资源。北京近几年频繁举办各级各类的马拉松赛事，每场赛事的成功举办都离不开场地的支持。这些举办马拉松运动赛事的场地都是提前有专人进行评估、考察、规划，且这些场地风景优美，安全性高，场地设计专业合理，适合进行马拉松运动。田径教师可以充分了解目前身边存在哪些马拉松运动场地资源，考察这些场地的基本情况后，在条件允许的前提下加以开发。

图 2-7

图 2-8

（2）五所高校建立合作机制，回收马拉松赛事物资。

北京市每年举办多次的马拉松以及相关路跑赛事，每次赛事都会提供正规的赛事设备、器材、补给等。赛后组委会为了快速结束比赛恢复交通等，对于赛事资源的回收并没有详细的方案，因此造成了资源的流失和浪费。学校完全可以和赛事的主办方进行沟通、与赛事组委会进行合作，经赛事组委会培训后为赛事提供学生志愿者、裁判，赛后根据方案进行赛道物资的回收，最大限度地把赛后所剩物资回收到学校内，供高校进行马拉松运动使用（图2–9和图2–10）。

图 2-9

图 2-10

（3）科技助力五所高校，开拓马拉松运动场地。

科技时代，体育课堂的跨越式发展离不开现代科技的大力支持。运动App在当下的健身活动中受到大众追捧，以悦跑圈这一款专门为跑步研发的应用软件而言，会为跑者搜索推荐身边的热门跑步路线。并记录下跑步的全程路线数据方便跑者使用。比如在首都体育学院附近点击“跑步路线”功能，会以距离为排序推荐首体田径场、西土城遗址公园、知春路路跑等包含田径场、热门路线、公园三个类型的数十条跑步路线，高校完全可以作为进行马拉松运动的场地（图2–11和图2–12）。

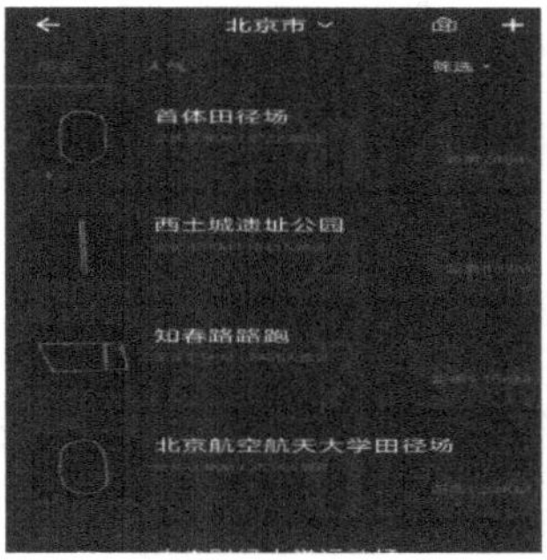

图 2−11

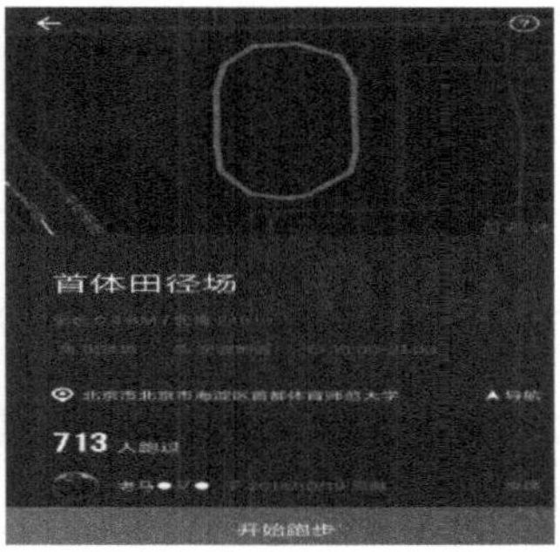

图 2−12

4. 田径课程自然地理资源的开发对策

（1）开展自然地理资源考察工作。

自然地理资源在课程中的开发工作，首先离不开实地的考察。实地考察调查是进行体育课程自然地理资源开发的准备工作，五所高校应对学校周边的自然地理资源进行认真考察，指派专人开展校外自然地理资源的开发考察工作。在开发自然地理资源时不仅要为师生的安全着想，还要满足课程资源的实际需求，并且尽可能减少经费的使用。可以询问有经验的专家教师，查阅相关规定制度，最终选择最佳自然地理资源作为田径课程开拓教学资源。

（2）推进马拉松运动与自然地理资源融合。

新的教学理念下学校更应该做一个开放的系统，北京蕴藏着丰富的自然地理资源。在这样的环境背景下，五所高校在地理资源开发相对滞后的条件下要充分利用自然地理这一绿色课程资源，通过马拉松运动与自然地理资源的融合，使田径课程走向自然。应充分利用空气、阳光、水、沙地、山地等自然资源开展马拉松运动，促进马拉松运动与地理资源的融合。特别选取北京具有特色的人文地理环境开展马拉松运动赛事活动，使跑者沿途欣赏大自然的美景，在运动中愉悦身心。但在自然地理环境中进行体育活动时要充分注意安全，避免造成运动损伤和伤害事故。

5. 田径课程信息资源的开发对策

（1）充分利用现有教学媒介了解马拉松相关知识。

师生要充分利用各种途径收集马拉松相关前沿信息，不断充实和更新田径课程的学习内容。例如图书馆提供了大量的关于马拉松的书籍文献，含有大量有价值的马拉松知识。网络和电视能提供大量的马拉松新闻和动态，还有许多学者对于马拉松运动的观点和评论。这些都是宝贵的马拉松信息资源，都对田径课程的学习具有重要价值和作用，能够扩充学生的知识面。另外还应提高对马拉松微信公众号以及相关资源库、网站的关注度。

（2）运用App拓宽田径学科视野。

目前，信息技术与课程教学的有机结合是教育领域的发展趋势，科技产品的使用为田径课程信息资源开发带来新途径。当下互联网的普及为运动提供便捷的服务，大众跑者在运动中可用App获取数据、分享动态、进行社交（图2–13和图2–14）。所以完全可以把科技服务作为新的课程资源开发在课程中，为便捷地获取马拉松信息提供保障。

图 2−13

图 2−14

6. 田径课程时间资源的开发对策

（1）珍惜田径课堂时间。

田径课堂的学习时间是有限的，所以要将其充分利用。将马拉松作为田径授课内容开发，首先教师要设计好马拉松教学计划，设计好每节课的准备部分、基本部分、结束部分各个阶段的时间分布。还要设计好课程的内容，将目前大众最需要的马拉松知识传授给学生，提高课堂时间的利用率，改善教学效果，避免课堂时间的浪费。

（2）加快推进校园马拉松组织的建立。

五所高校的团委学生处和田径教研室，要加快成立马拉松运动相关协会、社团，积极组织校园马拉松运动赛事的筹办工作。鼓励学生加入学校的马拉松运动协会，利用课外时间多次进行马拉松及长跑锻炼，引导学生热心投入校园马拉松赛事的相关工作中，积极发挥自身价值。这样既能通过长跑运动增强体质，又可弥补田径课程时间缺乏的不足（图2–15和图2–16）。

图 2–15

图 2–16

三、小结

课程资源是一个庞大的范畴，目前涉及的研究较少。本章从以下六个方面（人力资源、场地设施资源、内容资源、自然地理资源、信息资源、时间资源）探讨马拉松教学资源的开发与对策。

虽说课程资源的存量较大，但在实际开发的过程中会受各种现实条件的限制。建议高校在充分利用现有教学资源的基础上加强对于课程资源开发工作的管理、监督和指导，使马拉松课程资源的开发工作成为课程建设的一项重要内容。建议高校在全民健身战略有关政策的指导下，加强多方合作，整合各种社会资源，积极将马拉松运动引入高校课程，最大限度地发挥马拉松运动为个人健身、社会发展所带来的良好效应。

第三章

国际马拉松促进城市旅游发展效应及对策研究

——以泰山国际马拉松赛为例

马拉松赛事受众范围广、互动参与性强、品牌形象佳，不仅是唯一以城市作为赛场的体育项目，也是专业级选手和业余爱好者同场竞技的长距离比赛项目①。近年来，我国城市国际马拉松赛事举办数量呈爆发式增长，办赛质量显著提升，城市马拉松运动的开展正对人们的生活方式、社会发展、城市文化产生潜移默化的影响，成为诠释全民健身与运动健康融合发展，提升生命和生活质量理念的重要途径。但我国对马拉松运动的研究起步较晚，研究内容主要集中在竞技训练理论、马拉松赛事组织、赛事定位、品牌塑造、城市马拉松的社会效益与经济效益、市场开发等方面，对国际马拉松赛事促进城市旅游发展效应及策略的研究成果较少。因此，本章以泰山国际马拉松赛为例，对国际马拉松赛事促进城市旅游发展效应及对策进行了研究。泰山国际马拉松赛是由中国田径协会、山东省体育局、泰安市人民政府主办，泰安市体育总会、泰安市人民对外友好协会、泰安

① 白莉莉，冯晓露.我国马拉松赛事赞助市场的现状、特征和问题[J].中国体育科技，2018，54（4）：3-11.

传媒集团承办的国际性体育赛事。泰山国际马拉松赛自2014年起已成功举办了五届，它正在演变为山东改革开放40年的体育产业成果，是促进体育与旅游深度融合的重要工具，于细微处展示着泰山世界遗产的文化魅力。

新时代把泰山国际马拉松赛促进城市旅游发展效应作为一个课题加以讨论之时，尤其是在社会各界对泰山国际马拉松赛促进城市旅游发展效应关注度和参与度越来越高的今天，本章针对如何利用好泰山国际马拉松赛机遇促进泰安市乃至周边城市旅游效应的全面发挥，从学术理论上研究泰山国际马拉松赛促进城市旅游效应的机理，从实践上研究泰山国际马拉松赛促进城市旅游发展的社会效应、经济效应和文化效应，并提出提升泰山国际马拉松赛促进城市旅游发展社会效应、经济效应和文化效应的路径与建议，为更好地促进泰山国际马拉松赛与旅游的深度融合发展，促进体育赛事与旅游融合项目的开发提供实践依据，提升体育赛事与区域旅游深度融合的整体水平。

第一节　泰山国际马拉松赛促进城市旅游效应的理论分析

“马拉松”是近年我国体育最为鲜明的关键词，马拉松与其他赛事相比有其独特的特点，它既是少数业余爱好者与专业选手同场竞技的项目，也是以城市为赛场进行较量的项目。独特的赛事特性与广泛的参与人群赋予了马拉松更广泛的综合影响力。推动马拉松赛事在城市的发展，是打造马拉松品牌赛事，实现马拉松促进城市旅游社会效应、经济效应和文化效应协同发展的关键。

一、泰山国际马拉松赛的起源与发展

2014年9月2日，李克强总理在国务院常务会议中，指出要加快体育产业的发展必须要对体育赛事审批等事项实行放权政策。在取消商业性和群众性体育赛事的审批，对赛事转播权的限制放宽，放松对企业的束缚等决策实施以来，全国各地开展的城市马拉松赛事越来越多。在赛事审批权放开的政策扶持下，泰山国际马拉松赛成功落户于泰山脚下。

首届泰山国际马拉松赛于2014年11月9日成功举办。从泰安的实地调查中了解到泰山国际马拉松赛起初是当地一个房地产开发商为销售所建的房屋构思策划出来的娱乐项目，赛场只围绕在房屋周边，后来逐渐演变形成了现在的泰山国际马拉松赛。2014—2018年泰山国际马拉松赛已成功举办了五届，每一届赛事中，组织者在各方面都做了精细的规划设计方案，使运动员、观众和裁判员等充分感受到了体育盛会的魅力。

从表3-1看出，泰山国际马拉松赛每一届都在改革创新。2015年泰山国际马拉松赛在借鉴了第一届的经验的基础上又创造性地实行了新的参赛报名方式——线下、线上同时报名，由于关注赛事的人越来越多，又有因特殊情况无法到现场报名、参赛的运动员，于是与跑步App合作的线上参与马拉松的方式应运而生了，这也是山东首创的线上马拉松形式。此次泰山国际马拉松赛的当日，全世界跑友在任何地方都可以使用泰山国际马拉松赛授权的运动记录App“咕咚”，完成马拉松比赛要求的跑步公里数并全程记录，即可获得官方完赛认证，得到“咕咚”和泰山国际马拉松赛联合颁发的奖牌和成绩证书，其马拉松赛事实现了不限地域和时间的突破；2016年泰山国际马拉松赛进行了比赛上的创新，增加了“泰山全国警察马拉松邀请赛”以及“中国法律人马拉松邀请赛”这样的以职业命名的赛事；2017年第四届泰山国际马拉松赛升级为中国田协共办赛事，赛事规格更加国际化，改革创新使得比赛项目、比赛体验、参赛方式等更加丰富，而得到了更多市民和全世界马拉松爱好者的关注。2018年泰山国际马拉松赛对赛道进行了升级优化，在“青山绿水”元素基础上，融入了“城市文化”主题，主要体现在2018年全程和半程项目的赛道整体东移，向城市中心进行了部分延伸。

表 3-1　泰山国际马拉松赛的发展

举办届数	举办时间	赛程设置	新增比赛①	参与人数	参与方式
第一届	2014-11-09	全程、半程、迷你	—	13856	线下
第二届	2015-10-18	全程、半程、迷你	—	15127	线上线下
第三届	2016-10-30	全程、半程、迷你	泰山全国警察马拉松邀请赛、中国法律人马拉松邀请赛	17836	线上线下
第四届	2017-04-23	全程、半程、迷你、家庭亲子跑	泰山全国警察马拉松邀请赛、中国法律人马拉松邀请赛	19278	线上线下
第五届	2018-04-15	全程、半程、迷你、家庭亲子跑	泰山全国警察马拉松邀请赛、中国法律人马拉松邀请赛	23359	线上线下

① 相对于第一、第二届比赛而言。

二、泰山国际马拉松赛旅游效应的诠释

1. 泰山国际马拉松赛旅游效应概念的界定

界定泰山国际马拉松赛旅游效应的概念是研究泰山国际马拉松赛促进城市旅游效应及策略的起点和基础。目前关于对旅游效应概念的界定国内学者已经进行了大量的研究，并提出了不同的概念，但关于对泰山国际马拉松赛旅游效应概念的界定尚未见报道。因此，本节在前人相关研究的基础上，以及与学者和专家的商讨下，通过剖析旅游效应概念的本质，进一步加深对泰山国际马拉松赛的旅游效应概念界定研究的认识后，笔者认为泰山国际马拉松赛的旅游效应是由筹办、举办以及赛后所引起的整个旅游效应的全部过程。其中，泰山国际马拉松赛举办引发的各种旅游活动促进城市旅游发展的社会效应、经济效应、文化效应是本章研究的重点。

2. 泰山国际马拉松赛旅游效应的内涵

由泰山国际马拉松赛旅游效应的概念，可以进一步地理解泰山国际马拉松赛旅游效应的内涵，其内涵主要体现在个体在物质层面需求得到满足后，追求精神层面需求的满足。旅游体验效应是个体心理上相对幼稚到相对成熟的过程，无论是认知还是情感的变化都是泰山国际马拉松赛旅游效应对人的旅游体验带来的一种影响，从而带来旅游动机和参与旅游的消费行为；泰山国际马拉松赛旅游效应的另一种内涵可以理解为旅游个体在物质层面需要得到满足的基础上，为得到精神需求上的满足而到异地进行短暂的游玩生活，这种活动具有休闲性、经济性、社会性特征，能实现旅游效应存在的个体价值，并推动了旅游者的自我发展。

3. 泰山国际马拉松赛旅游效应的特征

旅游业被认为是朝阳产业，是世界上公认的绿色产业和“无烟工

厂”[①]。进入21世纪，无论在国际还是国内，旅游业已毋庸置疑地成为国家和地区经济增长的重要动力[②]。研究表明，旅游具有明显的效应特征，旅游效应特征往往用旅游人次、旅游收入、目的地的停留时间、住宿时间、旅游消费等揭示[③]。研究认为泰山国际马拉松旅游效应又称作泰山国际马拉松赛对旅游产生的效果，是指因泰山国际马拉松赛举办而在举办地产生的直接和间接的旅游效应。其特征主要表现在以下方面（图3–1）。

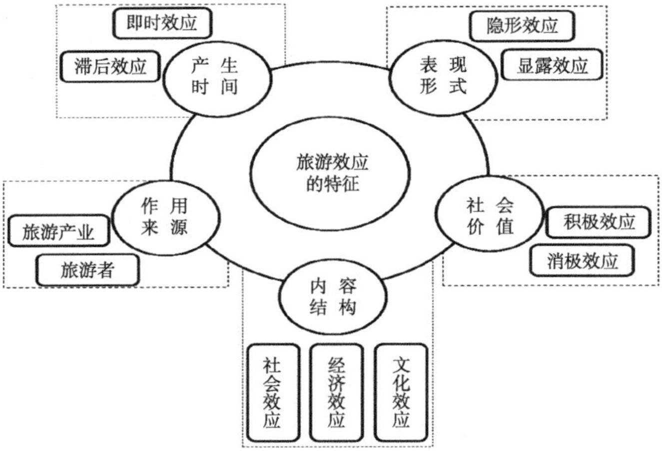

图3−1

由图3–1可以看出，泰山国际马拉松赛旅游效应特征有五部分内容：产生时间、表现形式、作用来源、内容结构、社会价值。目前我国学术界

① 陈健.我国绿色产业发展研究——以珠三角为例[D].华中农业大学，2009.

② 姜镇宁，苏小凤.“一带一路”背景下甘肃省旅游业发展路径选择[J].旅游纵览（下半月），2018（20）：170–175.

③ 邢向阳.城市旅游业竞争力评价研究[D].西北大学，2014.

专家学者对体育赛事旅游效应特征的研究主要集中在社会、经济、环境、文化等方面，在论述体育赛事旅游效应特征时，更为关注旅游效应所产生积极作用的社会价值。特别是马拉松自身带来的具有广泛综合性和关联性的旅游效应特征，对促进社会、经济、文化等方面发展的作用也得到充分体现。

4. 泰山国际马拉松旅游效应的价值

“价值”是价值学的核心概念，人类活动的效应，是功能性范畴，把价值理解为本质，同样是把价值看作实存的东西①。旅游价值指旅游客体（旅游产品与服务）的主体化，是游客的一种基于旅游地产品、服务满足游客本身需求程度的表述②。城市马拉松的价值其实是参赛者的自我超越所导致的个体吸引力③。但从不同角度研究旅游价值具有不同的见解，以上学者对旅游效应价值的研究提供了新的视角，笔者认为泰山国际马拉松赛旅游效应的价值主要表现为：

（1）发展角色定位更加清晰。政府更加明确了其在旅游发展中的角色定位，使城市旅游发展的目标和原则更加清晰，有利于抓住泰山国际马拉松旅游市场的热点消费需求，创新泰山国际马拉松旅游生态化发展的保护和管理机制以及抓住有利于助推泰山国际马拉松旅游生态化发展的热点事件，借举办泰山国际马拉松赛提升政府对泰安旅游发展的治理能力，促进旅游生态、绿色、低碳、循环发展，使泰山国际马拉松赛成为助推美丽城市建设的新动力。

---

① 兰久富. 能否定义价值概念[J]. 当代中国价值观研究，2018（4）：13

② 李佳，成升魁，钟林生. 顾客价值理论在旅游中的应用研究进展[J]. 人文地理，2009，24（5）：21-24.

③ 唐佳兴，刘平. 大众化马拉松风潮的自我超越致趣解析及其启示[J]. 沈阳体育学院学报，2019，38（1）：46-51.

（2）推动了城市生态文明建设的实施。党的十九大报告明确提出了加快“生态文明建设”的发展战略目标，2015—2019年泰安市政府工作报告都将“生态文明建设”提上重要日程。旅游产业是非资源消耗的观赏型产业，与城市生态文明建设关系密切，是实现城市生态文明建设的主要内容。泰山国际马拉松赛的举办，使旅游业在推进社会参与、促进产业融合转化、统筹城乡发展等很多方面都起到了重要的促进作用，赛事旅游效应的综合性、发展性和持续性能够带动泰安城市生态文明建设，实现社会、经济、文化、生态等板块的融合发展，加快城市生态文明建设。

（3）实现了城市旅游产业结构转型与升级的新突破。旅游产业是促进绿色经济、低碳经济和循环经济发展，优化旅游体验并增进游客幸福感的新型产业类型；泰山国际马拉松赛推动了旅游行业环境保护，绿色、低碳旅游的发展，提倡绿色、低碳旅游消费，实现了“马拉松+旅游”特色融合，打造“体育+旅游”的城市发展模式助推旅游产业结构转型与升级的新动能。

第二节　泰山国际马拉松赛促进城市旅游效应的实践分析

泰山国际马拉松赛在热爱体育的选手心目中代表着不放弃、不抛弃的坚韧毅力，代表着敢于挑战、敢于突破的勇气和挑战与超越自我的信心，更代表着不断攀登高峰的强大精神力量。近年来，在泰山国际马拉松热潮的推动下，泰安市旅游有了长足的发展，通过访谈调查，更加证明了这一点，尤其是在旅游的社会、经济和文化效应方面产生的作用较大。

一、促进城市旅游的社会效应

泰山是世界文化与自然遗产、世界地质公园、全国文明风景旅游区、首批5A级景区。旅游作为促进城市社会效应发挥的重要载体，主要从社会交往、社会环境和居民满意度等方面体现旅游社会效应的价值①。根据杨兴柱等学者的研究，笔者认为泰山国际马拉松赛促进城市旅游社会效应的本质可以理解为个体关注与个体参与旅游产生的社会影响。泰山国际马拉松赛促进城市旅游的社会效应涵盖面复杂，其中包括旅游基础设施建设水平、景区设施建设质量、服务水平以及居民和游客对旅游产生消费的满意度等的提升。泰山国际马拉松赛是一个具有较长发展历史的大型体育赛事，本身具有旅游的特征，随着近年体育赛事与旅游融合战略的提出，泰安市凭借马拉松赛事品牌与旅游的深度融合产生了一定的社会效应。

1.提升旅游发展的社会氛围

马拉松的举办为所在城市的旅游发展带来强劲的推动作用已经是不争的事实。因为马拉松是一个具有较高要求的体育项目，一个城市能够成为国际马拉松赛事的举办地，不仅需要马拉松赛事本身的运营出色，还需要城市本身的形象、风貌独具特色，这样选手来到举办地不仅能够完成国际马拉松规定的赛事，也能得到更好的精神寄托，享受赛事带来的精神与肉体的双重慰藉。纵观泰山国际马拉松赛的发展，能将体育竞技性元素与旅游资源元素深度融合发展实现新突破，泰山国际马拉松赛在此项工作上可谓一大创新，在打造赛事特色品牌的同时，继续完善这张泰安城市旅游的“名片”。

① 杨兴柱，孙井东，王群.千岛湖旅游地聚居空间特征及其社会效应[J].地理学报，2018，73（2）：276-294.

表3–2中调查问卷的反馈情况统计显示，在通过泰山国际马拉松赛向世人展示良好的生态旅游“名片”中，选择“展示了泰安当地旅游风情”的被调查者有172位，占比高达85.57%，调查得知，当参赛者或游客来到泰安，与当地人交流后就能直接体会到当地人的性格等风土民情，这是最直观的人与人接触的方式。由于泰安城市依山而建，马拉松路线也将这些优美的自然风光尽收眼底，城市的自然旅游风光得到了展示，所以在统计中选择“展示了泰安当地旅游风情”者所占比例也较大。

表 3–2　泰山国际马拉松展示泰安旅游“名片”的公众认知调查

选项	人数	比例
展示了泰安当地旅游风情	172	85.57%
展示了泰安市干净宜居的旅游生活环境	153	76.12%
展示了泰安市优美的旅游自然风光	151	75.12%
打造泰安东部旅游康养之都	119	59.20%

泰山国际马拉松赛的举办塑造了泰安“天然、舒适”的城市旅游公众形象，使城市旅游的社会氛围更进一步提升。特别是在泰安市政府的领导以及各部门的协调配合下，通过泰山国际马拉松赛的成功举办，极大地改善了城市旅游基础建设的环境，注重城市旅游特色品牌的创新，加强对泰山国际马拉松赛事自然旅游生态环境保护，逐渐贯彻人文旅游生态环境建设理念，创造出和谐且高品质的人文旅游生态环境，通过旅游生态环境的优化形成良好的旅游发展的社会氛围。

2. 促进全民健身设施建设的快速发展

泰山国际马拉松赛的举办不仅对泰安市良好风貌做了宣传，同时也响应了国家发出的“全民健身”号召，在理论与实践上为全面贯彻落实全民健身和“健康中国”国家战略，促使全民健身设施更加科学化、精准化和常态化，全面发挥全民健身设施、惠民工程在促进社会发展、助力乡村振兴、满足人民过上美好生活需求等方面的多元功能，为全面建成小康社会、创建社会主义现代化城市打下扎实的健康根基，也为促进全民健身基础建设带来了动力。特别是在现在城区用地普遍紧张的情况下，泰安市在建成区规划14处综合公园、6处专类公园、8条沿河带状绿地，使绿色成为泰安最鲜明的底色；规划建成的14处体育休闲基地、12条健身通道（3条登山健身步道、4条滨水健身步道、5条自行车健身绿道）为市民游憩、休闲、健身提供平台。调查问卷统计结果显示，86.1%（173人）的市民认为赛事促进了社区建设的发展；有高达79.6%（160人）的人体验到赛事推动健身步道的发展，让人民群众在日常体会到健身的乐趣；还有153位被调查者认为赛事改善民生健身设施的服务质量和水平，为人们带来便利，这些市民占76.1%（表3–3）。

表3–3　泰山国际马拉松旅游效应促进全民健身设施建设的公众调查结果

选项	人数	比例
促进社区体育文化建设的和谐发展，为城市生态文明建设助力	173	86.1%
推动社区健身步道的绿色发展，方便市民绿色健身出行	160	79.6%
改善民生健身设施的需求，提升健身服务平台建设质量	153	76.1%
增进家庭体育凝聚力，提升居民幸福指数	107	53.2%

3. 居民满意度较高

居民满意度是居民在经验积累基础上形成的期望城市旅游绩效与实际

产生绩效对比后对可感知效果的一种满意程度[①]。泰山国际马拉松赛事的举办对泰安市的多个行业都存在显性或隐性的影响，通过在泰安的实地考察，笔者采访了50位当地居民，分别从每种职业的人中当街抽取了10位。其中，出租车司机、学生以及酒店经理对泰山国际马拉松赛的举办持有较高的旅游满意度，大体表现在：学生认为城市举办马拉松赛事有利于他们开阔眼界，在马拉松赛事中担任相应的职位并努力完成，使他们有了成就感；餐饮店老板、酒店经理及部分出租车司机的想法不谋而合：直观上马拉松赛事的旅游消费明显增加了收入，客流量大，需求大且短时间内稳定；但是满意度较低的是清洁工人，原因在于城市短时间内涌入大量人口，加上个别人素质偏低，出现了不爱护公共卫生等现象，加大了工人的工作量（表3–4）。

表 3–4　当地居民对泰山国际马拉松赛促进城市旅游的满意度

人群类型	很满意（人）	较满意（人）	不满意（人）
出租车司机	5	5	—
餐饮店老板	10	—	—
清洁工人	5	2	3
学生	5	5	—
酒店经理	10	—	—
合计	35	12	3

① 阚如良，樊友银，张晓燕.基于功能满意测度的特色小镇旅游价值评价——以宜昌市龙泉镇为例[J].三峡大学学报（人文社会科学版），2019，41（1）：103–107.

二、促进城市旅游的经济效应

旅游业是我国综合性、战略性、支柱性产业，对国民经济和社会发展发挥着全方位、多功能、大带动的重要作用。经济效应是指在所具备的资源条件下，按某种方案进行资源配置后所产生的经济效果。马拉松旅游经济效应作为城市旅游经济效应的重要组成部分是指组织者在从事马拉松旅游经济活动中，旅游经济部门所消耗的物化劳动与旅游经济部门在组织接待旅游者的过程中，以最少的劳动消耗和劳动占用获得最大的经济效益。

从泰山国际马拉松赛促进旅游的经济效应形成机制来看（图3–2），绿色效应、低碳效应、循环效应能促进旅游消费的增长，通过马拉松旅游活动引发的消费支出、投入等行为对城市经济产出总量、就业率、家庭收入（涉及收支、就业、出口贸易、产业联动）等产生效应，是推动区域经济增长，提升城市建设竞争力的重要动力源。

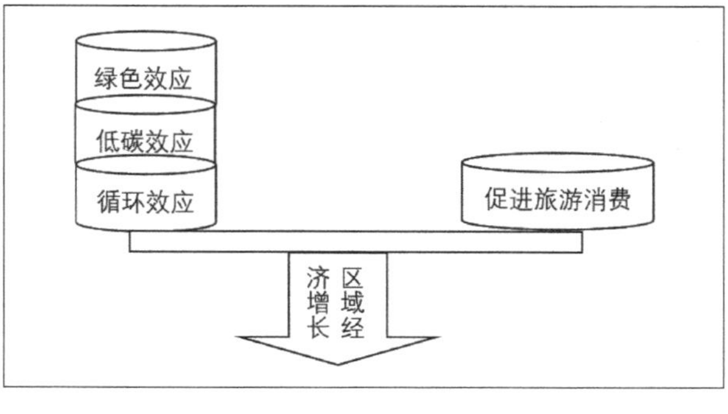

图 3–2

1. 旅游绿色经济

绿色经济是指人类经济活动的发展不应建立在破坏环境的基础上，绿色经济是人与自然协调发展，也体现了科学的可持续发展理念①。发展旅游绿色经济对促进区域经济发展具有明显的效应（图3–3）。

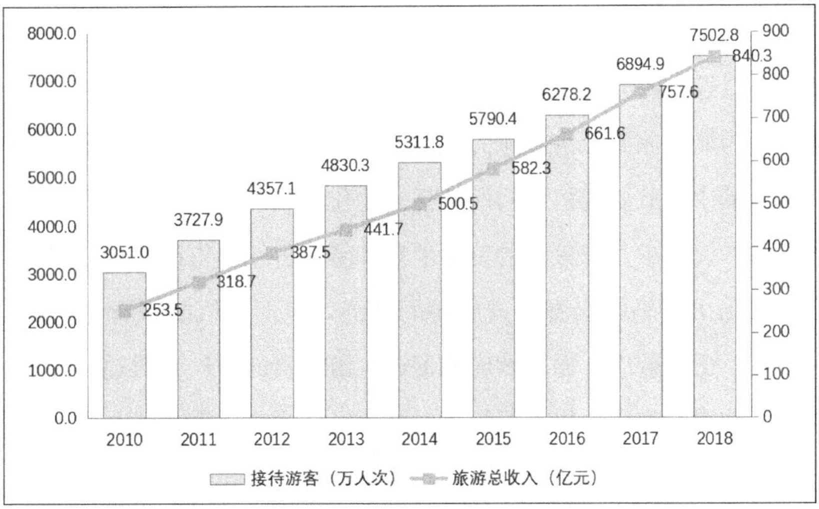

图 3–3②

《泰安统计年鉴》的数据资料显示，国民生产总值（GDP）从2014年的3002.2亿元增加到2018年的3803.6亿元，尤其是2014年第一届泰山国际马拉松赛之后，泰安市GDP增长率达到9.4%，增长趋势迅猛（表3–5）。

① 庞晓媚. 应对可持续发展的开发控制体系[D]. 华南理工大学，2018.

② 泰安市统计局，国家统计局泰安调查队编. 泰安统计年鉴[EB/OL]. tjj.taian.gov.cn/col/col46886/index.html.

表 3–5　泰安市 2014—2018 年国民生产总值统计①

年份	国民生产总值（亿元）	增长率（%）
2014	3002.2	9.4
2015	3158.4	8.1
2016	3316.8	7.2
2017	3585.3	6.8
2018	3803.6	7.1

国民生产总值一直被视为衡量经济发展和国民福利的最佳指标，但当把资源的耗损和退化也考虑到经济发展过程中时，它失去了原有的评价效果。在我国新经济发展理念的倡导下，体育与旅游融合促进区域经济增长的理念在政府、社会和企业中得到了积极的践行。经过计算得出，经历了四届泰山国际马拉松赛后，2018年旅游行业总收入再创新高，达到840.3亿元，由2014年16.67%的比例逐年增加，2018年占比22.09%（图3–4）。

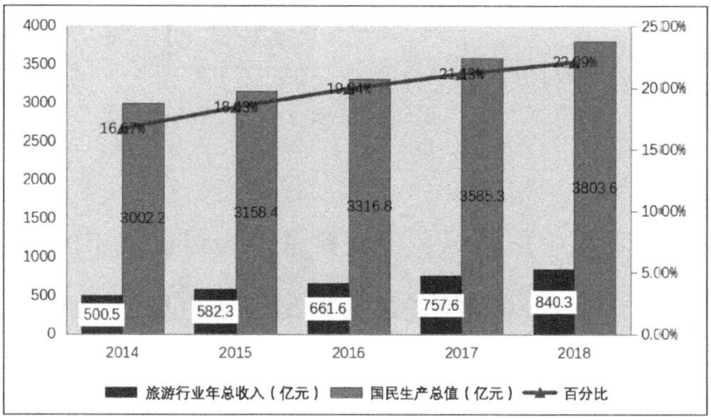

图 3–4②

① 泰安市统计局，国家统计局泰安调查队编.泰安统计年鉴[EB/OL].tjj.taian.gov.cn/col/col46886/index.html.

② 泰安市统计局，国家统计局泰安调查队编.泰安统计年鉴[EB/OL].tjj.taian.gov.cn/col/col46886/index.html.

旅游的绿色经济促进区域经济发展主要通过加大旅游科技投入力度、政府干预促进旅游技术进步、丰富物质资本、优化人力资本、加大对外开放、采取市场化运作、践行可持续发展理念等，形成对区域经济增长的引领作用，增加旅游消费人口，使旅游经济增长效应得到持续发挥（图3–5）。

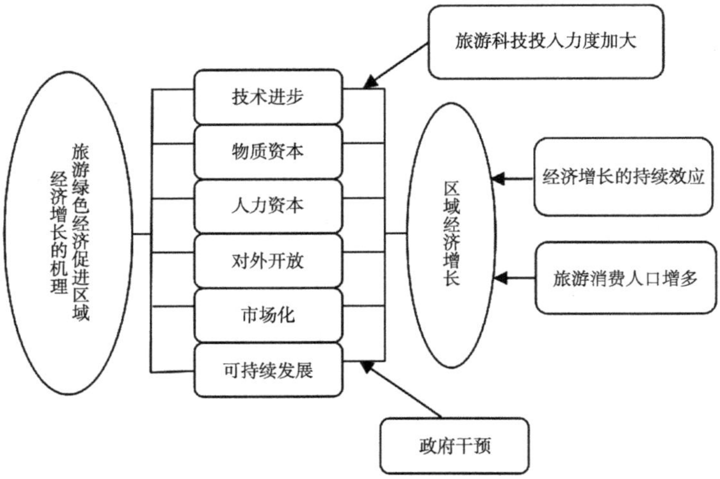

图 3–5

在大型体育赛事中旅游绿色经济常常作为促进城市经济发展的一个重要理念被提出。北京2008年奥运会提出了绿色奥运、科技奥运、人文奥运的三大理念①；北京成功申办2022年冬奥会时提出了“以运动员为中心、可持续发展、节俭办赛”的三大理念②；2014年泰山国际马拉松赛的

① 邵玉辉. 2008年北京奥运会无形遗产保护和开发研究[D].北京体育大学，2011.

② 邹硕. 奥林匹克2020议程与北京办冬奥的研究[C]// 中国体育科学学会.2015第十届全国体育科学大会论文摘要汇编（三）. 北京：中国体育科学学会，2015：2.

成功举办也秉承了以马拉松促进旅游绿色经济发展的办赛理念。泰山国际马拉松赛以城市建设的“创新、协调、绿色、开放、共享”理念为引领，以“马拉松赛事+旅游”提升人民幸福为目标，积极探索泰山国际马拉松赛促进旅游绿色经济发展的新思路。

近年来，在泰山国际马拉松赛以及其他国际体育赛事的带动下，依据泰安全域旅游发展规划的战略布局，积极推进城市、旅游基础设施建设，泰安市旅游景区建设已经从单一景区型发展到综合型，让旅游的绿色经济价值得以充分体现，景区从游览观光、文化体验、休闲娱乐等方面满足游客多元化需求，构建起人与自然和谐发展的生态旅游新格局，城市面貌实现美丽转变。其中在2017年就有5个乡镇和25个村居创建为全省首批“省级森林镇村”，并有7个乡镇和30个村居创建为“市级森林镇村”。目前，全市共有28个森林公园和湿地公园，包括6个国家森林公园，1个省级森林公园；3个国家湿地公园，3个省级湿地公园。泰安市旅游经济在旅游绿色经济的带动下有了明显提升，并对区域经济发展产生了重要影响。从泰山国际马拉松赛来看，它已经不再是一场简单的体育赛事，而是城市旅游绿色经济效应刺激消费的重要驱动力，如泰安国际马拉松赛与绿色旅游结合，致力于打造国际性旅游城市，带动出行、餐饮、购物、娱乐等产业链的发展。泰山国际马拉松赛通过近年的举办改变了城市的游客客源结构，吸引了大量外籍选手，为泰安市的绿色旅游发展拓展了国外市场。其中，2016年第三届泰山国际马拉松赛在11月举办，本该处于旅游淡季的泰安，在马拉松赛事旅游的推动之下，酒店、餐饮、购物迎来了新的热潮。

2. 旅游低碳经济

低碳经济是将能源消耗、污染排放量等降到最低的创新型经济发展模式[①]。作为低碳经济重要组成部分的旅游低碳经济是生态经济模式的旅游创新，发展低碳旅游经济主要强调在旅游发展中采用低碳新技术，倡导低碳旅游（徒步、骑行、露营等）消费，实现旅游消费的低碳化发展。迄今为止，旅游低碳经济是一个综合性较强的复杂概念，发展旅游低碳经济涉及交通、住宿、行程等多方面的内容，尤其是游客住宿的消费对旅游低碳经济发展的影响很大。图3–6列出了游客住宿消费的资源环境影响因素。

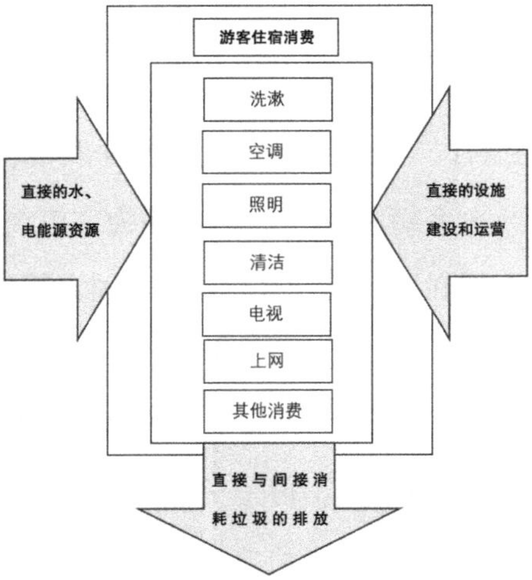

图 3–6

马拉松赛事作为能够带来大量人流的体育赛事，同时也带动了旅游产业的大力发展，增加了第三产业的经济增长。根据现代旅游经济学理论，一个城市旅游经济是否真正发展为生态化的产业，符合区域经济、社会、文化发展的生态化需求，与旅游低碳经济在第三产业发展中的比例密切

① 李月阳，徐香兰.浅谈我国低碳经济下制造企业环境成本控制[J].纳税，2018（17）：195.

相关①。

在旅游低碳经济发展的今天，人们获取利益的方式正在从主要依靠以破坏环境为代价的重工业的生产逐渐向发展旅游经济的生态化方向过渡，这就体现了旅游低碳经济在旅游经济发展中占据的重要地位，也体现了大力发展旅游低碳经济促进城市社会、经济、文化和体育发展的重要价值②。《泰安统计年鉴》数据显示，第三产业的经济增长值逐年提升（表3-6）。

表 3-6 2014—2017 年泰安市产业经济增长值比较（单位：亿元）③

年份	第一产业	第二产业	第三产业
2014	260.1	1367.8	1162.8
2015	271.4	1447.5	1283.3
2016	269.1	1461.8	1427.5
2017	280.9	1485.5	1550.4

3. 旅游循环经济

"循环经济"一词，首先由美国经济学家K.波尔丁提出，他认为传统的经济发展模式和循环经济发展模式存在本质区别④。循环经济是将自然、

① 王灵恩，钟林生，成升魁.旅游消费的资源环境效应研究框架及其作用机理探析[J].资源科学，2016，38（8）：1452–1464.

② 王立国，WANG GUANGYU，陈美球.基于循环经济的低碳旅游模式构想 —— 以江西省为例[J].企业经济，2017，36（10）：15–20.

③ 泰安市统计局，国家统计局泰安调查队编.泰安统计年鉴[EB/OL].tjj.taian.gov.cn/col/col46886/index.html.

④ 张嘉佳.新型经济管理模式下循环经济管理机制的构建措施[J].中国市场，2019（3）：95+97.

生态等资源以高效循环利用的方式最终达到低消耗、低排放、高效率的一种发展模式。它以资源化、再利用为原则，融合了生态学规律，构建原材料 — 产品 — 再利用的资源可循环利用模式，是对大量生产、大量损耗、大量废弃物产生的传统增长模式的创新性变革①。在使用资源的过程中，发挥出了低排放、高效利用资源等优势，基于资源热回收、再生利用等的经济管理模式，循环经济能满足可持续发展的多种现实要求，对促进我国环境、资源的可持续发展至关重要②。

党的十九大报告指出，要推进绿色发展，建立健全绿色低碳循环发展的经济体系③。马拉松赛事与旅游深度融合是促进旅游循环经济发展的一个重要抓手和突破口。泰山国际马拉松赛的成功举办不仅对城市基础设施的改造起到了促进作用，也成为推进城市旅游循环经济发展的一个重要载体。为了提高泰山国际马拉松举办城市的影响力，泰安市政府为泰山国际马拉松赛的开展大力修整了城市的基础设施，尤其是通过城市基础设施建设的绿地覆盖面积增加，泰山博物馆、新能源空铁示范线一期工程、岱顶引水上山工程为城市旅游循环经济的发展提供了良好宜人的生态环境。通过调查发现，有较多的泰安市民知道泰安政府为泰山国际马拉松赛的举办在进行城市基础设施改造的同时，也建设了泰山博物馆、新能源空铁示范线一期工程、岱顶引水上山工程以及“泰山慢谷”等惠民工程（表3–7）。

---

① 严金丹，张晟.面向管理实施的城乡规划体系的创新探索 —— 以台州湾循环经济产业集聚区东部新区协同规划为例[J].住宅与房地产，2016（12）：223+246.

② 李向阳.基于循环经济视角的绿色包装法律分析[J].法制与经济，2018（12）：97–98.

③ 刘红兵，李彩云.中国各省（市）循环经济发展水平的空间格局演变[J].资源与产业，2018，20（6）：67–77.

表 3-7 举办泰山国际马拉松赛惠民工程建设市民调查结果

选项	人数	比例
泰山博物馆	119	59.2%
新能源空铁示范线一期工程	121	60.2%
岱顶引水上山工程	108	53.7%
“泰山慢谷”	93	46.3%

从表3-7的问卷调查结果中得知，被调查的当地居民表示：提高城市的旅游文化基础设施建设，着眼泰安市的长远发展，坚持实干，才能实现政府职能转变，服务民生工程建设，提升市民获得感。同时为泰山国际马拉松赛的成功举办添砖加瓦，泰安市修建、改造了体育健身设施场馆，为市民和前来参加比赛的运动员提供专业的健身场地；另外在公园等露天区域修筑绿色健身步道，不仅为市民提供了方便、舒适、崭新的健身设施，也为前来泰安旅游的游客提供了健身场所和良好的生态环境。而这些基础设施的修整不是“一次性产品”，它同样为城市居民的基本生活、城市的旅游发展做出了贡献，这也是实现城市马拉松促进城市旅游循环经济发展的重要保证。

三、促进城市旅游的文化效应

1. 文体 + 旅游元素更加融合

城市文体+旅游融合涵盖内容广泛，它表现为一座城市的生存群体在地域文化发展的过程中所形成的精神沉淀、地域特色的价值观念等思想上的精华所在。文体+旅游融合具有明显的地域性、历史性和现实性等特征。所以每个城市的文体+旅游融合又是截然不同的，具有自己的特殊性[①]。

城市文体与旅游的融合也可通过马拉松赛事实现（图3–7），2018年赛事路线设计不仅穿越泰安市拥有古老历史的时代发展线、擂鼓石大街居民区，还穿越长城路金融商务区等现代化建筑以及龙潭路天外村、桃花峪、天平湖大桥等景点，不再是简单的依山而行，沿途风景既向参赛者和游客展示了泰山脚下的宜人风景，又让他们体会到了泰安当地的风土民情。这样的路线设计让每位参与赛事的跑者、观众、志愿者都可以感受泰安市丰富的旅游资源，还能感受城市的面貌、城市的文化。赛事参与者和游客对城市文体+旅游元素融合的满意度提高，会推动城市的发展、提高城市的影响力，而城市的发展与影响力的提高反过来又会进一步促进城市文体和旅游的快速融合发展。

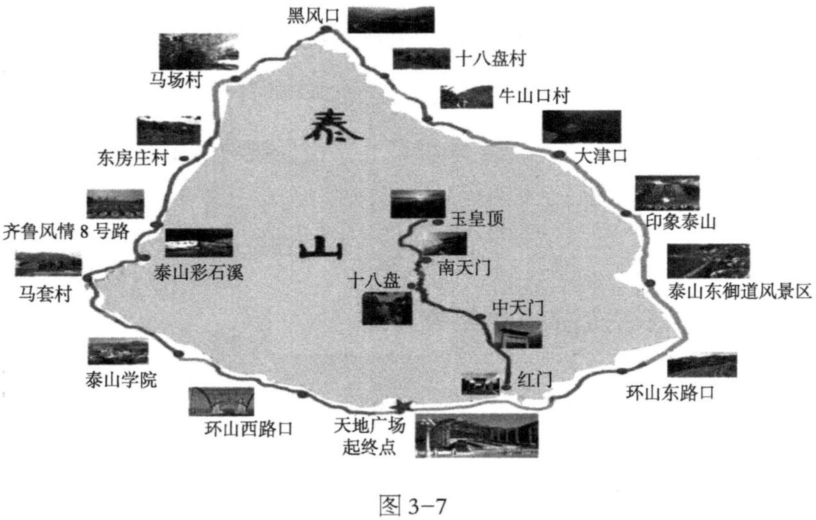

图3–7

① 张红梅.城市文化：城市发展的内驱力[J].美与时代（城市版），2018（11）：107–108.

2. 塑造城市旅游文化形象，打造城市旅游文化名片

现代化城市的旅游文化形象的形成和旅游文化名片的打造，已经不仅是环境好、经济发达、包容性强等单方面因素发展起来就能完成的，它是多个要素融合发展的逻辑框架体系①。构建城市化旅游文化形象、打造现代化城市旅游文化体系是一个复杂而又庞大的系统发展过程，并非一朝一夕可以完成的。它与城市旅游地脉和旅游文脉维护、旅游文化功能与影响、旅游文化投入与效果、旅游文化景观与传播有内在的逻辑关系。泰山国际马拉松赛已于2018年成功举办了五届，成功举办马拉松是一件循序渐进、持之以恒的事情。城市马拉松赛事的举办更能凸显城市旅游文化特色，整座城市在酝酿马拉松赛事时，会根据城市旅游文化发展优势将城市更具有竞争力、更富有价值的旅游文化资源挖掘出来，结合时代发展，构建城市旅游文化特色的城市品牌。城市旅游文化形象是生动的，马拉松赛事的开展让更多世界人来当地亲身感受这座城市旅游文化的魅力，这也是最好的城市旅游文化体验和宣传；随着科技发展的速度日益加快，以电视、互联网等多媒体手段为主，"马拉松城市"被世界各个角落所熟知，三位一体多方面的描述宣传，使人们对赛前赛中赛后都有了系统化的了解，使赛事和城市旅游文化的宣传得到多元化、立体化的呈现。

由表3-8可见，85.1%的被调查者认为泰山国际马拉松赛的举办对城市旅游文化知名度的提高起到关键作用，有150人认为当地马拉松的举办能实现马拉松精神和泰安旅游文化的融合，最终打造出"泰安品牌"。赛事品牌的形成成为城市旅游文化形象建设的标杆，泰山国际马拉松赛开始于房地产的宣传，而后通过政府及当地居民的努力，整改道路、设置赛

① 何昭丽，米雪．"少数民族非物质文化遗产保护"与"旅游开发"双赢发展研究[J].广西民族研究，2017（5）：149-155.

道，将泰安多处景点一次性展示给运动员及观赛者，这也使人们在赛事结束后，再三地留恋泰安这座城市的旅游文化，从而进一步提升了泰安的城市旅游文化形象。其中，2018年举办了泰山石敢当文化节，首届中华泰山工艺美术博览会也在泰安市隆重举行。

表 3–8　泰山国际马拉松赛对城市旅游文化影响的调查统计

选项	人数	比例
提高城市旅游文化的知名度	171	85.1%
丰富和细化城市旅游文化发展的内容	154	76.6%
带动当地旅游文化的发展和传播	154	76.6%
实现马拉松精神和泰安旅游文化的融合	150	74.6%

3. 推动城市文化产业与旅游产业融合品牌创新

泰山国际马拉松赛的感染力和发酵作用之大不仅表现在增大城市的人口流动性上，还对泰安市的旅游、住宿、出行、餐饮、文化等各类行业产生了空前的影响。独具匠心的奖牌设计就是城市文化产业与旅游产业淋漓尽致结合的体现。

如图3–8所示，2014年与2015年的完赛牌采用泰安市标志性景点五岳独尊为主体，圆形的整体造型凸显简洁的主题风格；2016年的完赛牌以杜甫的诗为衬托，正面以泰山三宝之一的"温凉玉圭"为造型，颇具韵味，寓意"圭"步千里，玉成泰山，这一届的完赛牌也增添了不少泰安文化元素，为泰安文化与旅游融合、科技创新促进旅游文化经济的发展提供了平台，全面体现了旅游文化效应的社会价值、经济价值和生态价值。2017年的完赛牌是一个"宝葫芦"，首次加以青花瓷色调，有着多福、多子、长寿的含义，祝福跑者，祝福泰安。2018年的完赛牌可以说是跑者的一个动力——“沉香狮子”，此次造型源自乾隆帝在1762年赐予泰山的一对用沉香树根雕刻的狮子，采用立体和镂空设计，加上祥云元素，形象可谓活灵活现。泰山国际马拉松赛历届完赛牌的设计既与泰安文化密切相关，也是泰安市著名旅游景点的体现，而泰安文化又是泰山旅游产业的一部分内容，两者紧密结合，互相促进，是实现城市文化产业与旅游产业融合品牌创新的途径①。

图3-8

① 王绪东.从泰山国际马拉松赛事看体育文化旅游产业的融合[J].科技资讯，2017，15（36）：211-212.

第三节　泰山国际马拉松赛促进城市旅游发展的对策

泰山国际马拉松赛是吸引消费的重要旅游资源，具有独特的社会、经济和文化价值，是促进城市旅游发展的重要途径。尽管泰山国际马拉松赛在社会、经济、文化等方面对城市建设产生了重要的影响，促进了城市旅游的发展，但也存在许多不足之处。随着泰山国际马拉松赛规模的不断扩大，参与人群的增加，人们所制造的废弃物也在增加，赛前与赛后环境差异明显，人文环境破坏的情况日趋严重；泰山国际马拉松赛的举办带来交通拥堵、旅游安全等问题，导致了许多人避开或取消去主办地城市旅行。为了更好地服务泰山国际马拉松赛，促进城市旅游效应的健康发展，促进泰安市旅游发展的社会效应、经济效应和文化效应的全面发挥，推动体育赛事和旅游发展融合共生，在本节中，笔者提出以下加强泰山国际马拉松赛促进城市旅游发展效应的重点对策。

一、针对发展局势，分析动因，充分发挥政府职能的对策

根据世界旅游组织的数据，我国已位于世界旅游大国之列，目前中央和地方研究制定的“十三五”旅游发展规划和更长远的发展战略中，都对旅游产业提出了明确的任务、目标、内容和措施。山东省和泰安市亦是如此，2016年《山东旅游业“十三五”发展规划》出台后，加快体育赛事与旅游融合成为山东省16市旅游工作的重点任务，随着山东旅游业的转

型升级和体育赛事规模的发展壮大，促进旅游发展日显迫切。《泰安旅游业“十三五”发展规划》明确提出实施“旅游+”战略，进一步深入推敲体育与旅游发展模式，因此构建泰山国际马拉松赛促进城市旅游效应的发展策略势在必行。

泰山国际马拉松赛促进城市旅游发展是一项系统工程，需要相关主体的强力推动，深入挖掘泰山国际马拉松赛促进城市旅游发展的潜力，使其得到最大限度的发挥，借国家提出大力扶持体育旅游产业发展的新机遇，加快泰山国际马拉松赛促进城市旅游产业转型升级，让旅游产业成为事关国民经济发展和民生福祉的幸福产业，真正成为现代服务业中的一个带动区域旅游发展的关联性效应产业。

本章扎根理论，在与政府部门、体育旅游学界专家深度访谈的基础上，提出了构建泰山国际马拉松赛促进城市旅游发展策略的基本框架（图3-9）。

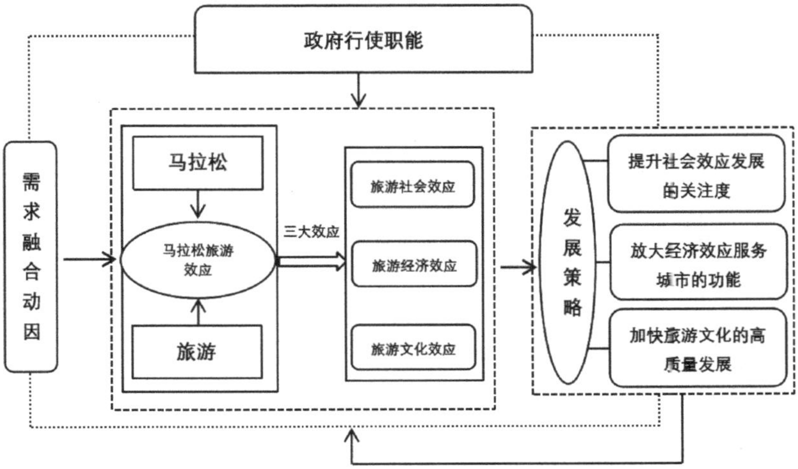

图 3-9

泰山国际马拉松赛不仅要形成促进旅游发展的社会、经济和文化的多元化功能，推动城市旅游发展的生态化、绿色化、循环和低碳化，而且要积极发挥政府及相关部门组织在生态化、绿色化、循环化和低碳化旅游发展过程中的资源整合、市场运作、组织管理、创新能力、引导监督、政策法规的作用；从旅游产业结构升级转型到科技创新发展需求、大众旅游生态化需求、旅游企业发展需求的动因，构建出提升泰山国际马拉松赛促进城市旅游社会效应发展的关注度、放大泰山国际马拉松赛促进城市旅游经济效应服务城市建设的功能、加快建设泰山国际马拉松赛促进城市旅游文化高质量发展的模型，进一步加快泰山国际马拉松赛促进城市旅游效应功能的全面发挥，实现城市旅游产业的可持续发展。

二、分层次精准实施政策，促进旅游效应全面释放

在泰山列入世界文化与自然遗产30周年之际，泰安市在《政府工作报告》中提出要增创泰安市旅游经济发展新优势，充分将泰安市的王牌牵引作用发挥出来，重点依靠“两山一河”体育项目与旅游融合发展的框架和布局，全力拼搏实干，在五年内重点开发投资超过100亿元的南北两大景区。包括北部建设以泰山东麓“泰山慢谷”为主题的大景区，南部建设以徂徕山大汶河“健身休闲”为主题的大景区。而且随着2018年第五届泰山国际马拉松赛促进城市旅游发展效应的全面发挥，特别是国家体育总局、国家发展改革委印发的《进一步促进体育消费的行动计划（2019—2020）》中提出，推进体育与文化、旅游、养老、健康、教育、互联网、金融等产业融合发展，打造体育消费新业态。可以看出，政府政策的支持，社会各界的广泛参与，为泰山国际马拉松赛促进城市旅游发展效应研

究提供了良好的环境。

在泰山国际马拉松赛促进旅游社会效应发展的策略上，首先，泰安市政府在赛前要正确定位城市、明确发展实力和旅游发展特色，为城市旅游可持续发展做好引路灯，制定国际马拉松赛促进旅游社会效应发展分层次精准实施策略，从政策上保障泰山国际马拉松赛促进旅游社会效应发展取得新突破；其次，要促进城市马拉松与旅游的社会互动，以新发展理念推进泰山国际马拉松赛旅游社会效应发展，勾勒美丽城市建设的蓝图，提升城市社区居民的幸福指数；再次，学习其他城市马拉松赛事举办的成功经验，在泰山国际马拉松赛举办前期通过与新媒体的融合对体育赛事和城市旅游实施到位的宣传，突出泰山国际马拉松赛促进旅游社会效应的特色，打造泰山国际马拉松旅游特色品牌新产品，吸引国内外企业、商家驻扎泰安，共同促进泰安市旅游产业的可持续发展，提升泰安旅游发展的社会公众影响力；最后，通过泰山国际马拉松赛的举办，逐渐促进泰安市全域旅游的发展，尤其是更广阔地打开体育和旅游融合的大门，为泰安市创新型体育旅游产业更新换代注入新的血液，加快体育相关产业和旅游相关产业的融合发展，增加社会就业岗位，增强市民的责任感和获得感。

大型体育赛事促进城市旅游经济效应涉及行、住、食、游、娱、购各个方面，在经济新常态的新时代背景下，大型体育赛事促进旅游经济增长效应、提升旅游消费和拉动内需作用愈加受到政府、社会及学者的关注。发展旅游产业和体育产业成为国家重要战略，为城市体育与旅游融合促进旅游经济发展带来新的契机，也成为体育学术界研究的热点问题。其中，作为旅游经济发展的物质基础和必备条件的旅游资源是城市旅游开发的前提条件，泰安市丰富的自然旅游资源、人文旅游资源为泰山国际马拉松赛促进旅游经济效应带来重要的动力源。

在泰山国际马拉松赛提升城市旅游经济效应发展策略方面，要重视政府对泰山国际马拉松赛促进城市旅游经济效应发挥的主导作用。从政府层面制定和实施泰山国际马拉松赛促进城市旅游经济效应的策略，将泰山国际马拉松赛促进城市旅游经济效应作为重点项目来抓，尤其在旅游景区优质服务标准的制定、城市厕所的改造和酒店服务设施的更新等方面进行科学的规划和顶层设计，明确泰山国际马拉松赛促进城市旅游经济效应的定位、目标和实施措施。

实行旅游产业转型升级策略，着力增强体育赛事与旅游融合产品的竞争力和影响力。在国家加大力度推动旅游产业转型升级的大时代背景下，充分认识旅游产业转型升级的重要性，着力增强体育赛事与旅游融合产品的竞争力和影响力是增强城市旅游经济效应的重要一环。

加快推动旅游经济效应服务新型城镇化建设的发展，为城市的现代化建设提供动力。主要从提升新型城镇化建设的经济、社会、文化、自然环境、管理、人口、交通、设施、服务等领域的发展水平衡量。特别是通过加快发展城乡旅游经济效应，在保护新型城镇化建设进程中的百姓利益的基础上实现旅游产业与新型城镇化建设融合的民生需求。首先，推进旅游产业环境保护，建设体现环境保护新理念的民生工程，运用推广绿色技术，提倡绿色消费方式；其次，以生态为条件、以民生为根本、以文化为基础、以特色为导向，构建旅游产业新业态；最后，加快体育和旅游产业的深度融合，促进体育与旅游产业的可持续发展。

随着泰安市体育赛事促进大众旅游的普及，旅游产业发展较快，但也凸显出诸多问题，如旅游景观和环境等方面的破坏影响人们参与旅游的意愿，这些负面效应成为阻碍旅游产业可持续发展的因素。要想基本发挥泰山国际马拉松赛促进城市旅游经济效应服务城市建设功能并全面激发民众的意愿，必须将促进旅游产业的可持续发展和加快旅游产业的深度融合作为重要战略，只有向旅游产业供与需融合、旅游与文化发展融合、旅游与生态融合、旅游与交通融合等领域进行可持续发展理念的渗透，才能实现旅游产业的可持续发展。

在泰山国际马拉松赛提升城市旅游文化效应发展策略的方面，作为中国历史文化名城的泰安，特色鲜明的古建筑和悠久的历史文化风貌，在给游客留下深刻印象的同时，更要吸引游客参与旅游文化。由于城市旅游文化具有一定的理念、需求和路径等方面的研究价值，城市旅游文化的概念自提出以来，已经成为体育和旅游学术界研究的新课题。旅游文化不仅是一系列旅游文化活动，也是人的一种生活方式，不仅能借泰山国际马拉松平台促进城市旅游文化的高质量发展，也能丰富大型体育赛事促进城市旅游文化发展的理论与实践研究的视野。

但是由于泰安旅游文化地本身的发展还存在较多方面的不足，如居民的社区旅游文化空间狭窄、健身步道环境脏乱差、旅游文化市场管理混乱等问题，导致游客对现实旅游文化生态环境不满意，从而影响游客对旅游目的地文化感知。因此，需要加快对泰山国际马拉松赛促进城市旅游文化高质量发展的研究，满足人们多样化的旅游文化需求。

从不同群体了解泰山国际马拉松赛的途径统计情况看，主要是以通过网络媒体为主，电视广播媒体次之（表3–9）。

表 3–9　泰山国际马拉松赛的了解途径统计情况

选项	人数	比例（%）
网络媒体	140	69.7
电视广播媒体	75	37.3

续表

选项	人数	比例（%）
报纸、杂志、广告	47	23.4
户外宣传	38	18.9
亲友	56	27.9
其他	60	29.9

如表3–9所示，泰山国际马拉松赛的传播途径以网络媒体为主，电视广播媒体次之，分别占69.7%、37.3%；报纸、杂志、广告，户外宣传仅占23.4%，18.9%。泰山国际马拉松赛的赛后热点也成为提高城市旅游文化形象的关键点，人们通过微博、微信等公众平台对主办城市的参赛体验、城市旅游文化风光进行分享，用最真实的方式感受并且宣传。随着泰山国际马拉松赛促进城市旅游文化效应的社会认可度的提升，需要让城市旅游文化的管理者更加重视这个社会话题，督促政府及相关部门做好城市旅游文化的管理和服务工作，打造城市旅游文化健康良好的国际形象。

作为在发展中城市举办的大型体育赛事的典型代表，政府要积极推动泰山国际马拉松赛，促进城市旅游文化高质量发展，为成功举办每一届精彩、非凡和卓越的马拉松赛事提供媒体宣传。

首先，通过与新媒体的融合，提升泰山国际马拉松赛促进城市旅游文化高质量发展的宣传效应，如通过新闻、平面、网络等媒体多方面融合的宣传路径，保障泰山国际马拉松赛与新媒体融合促进旅游文化正能量效应的全面释放，展示泰安文化旅游的特色和亮点，使泰安旅游文化向国际化发展迈上一个新的台阶。

其次，要加大政府在泰山国际马拉松赛与新媒体融合中的主导作用，发挥政府在泰山国际马拉松赛与新媒体融合中的监管作用，利用信息化网络平台，建立政府与新媒体的沟通机制，通过马拉松赛事与新媒体的融合充分展示城市旅游文化底蕴，把泰山国际马拉松赛打造成具有世界影响力的旅游文化品牌。

再次，提升泰山国际马拉松赛与新媒体融合的科技创新能力。坚持泰山国际马拉松赛与新媒体融合的科技创新，通过对市场需求的研究和开发、对新媒体系统化科学化和产业化管理，不断提升泰山国际马拉松赛与新媒体融合的科技含量，以旅游文化主题促进民心相通，以泰山国际马拉松赛促进城市旅游文化高质量发展，促进游客数量增长。

最后，以泰山国际马拉松赛与新媒体融合创新驱动为引领，促进城市旅游文化高质量发展为目标，充分运用互联网、大数据等信息技术，充分展示泰山国际马拉松赛开幕式和闭幕式的旅游文化效应，通过泰山国际马拉松赛与新媒体融合促进旅游文化发展，大力推进旅游文化经济区建设，提升旅游过程中文化服务和管理的智能化水平，充分借助好“马拉松旅游+”“互联网+”共享旅游文化经济发展的新成果，为城市旅游文化发展做出应有的贡献。

三、小结

本章以泰山国际马拉松赛为例对马拉松举办城市的旅游发展效应进行了分析。可以得出结论，泰山国际马拉松赛对举办城市旅游发展具有多领域、多层次和多时限的发展效应。目前，城市国际马拉松赛是城市旅游发展中重要的载体之一，也是旅游项目开发中不可或缺的内容。城市旅游项目开发需要体育赛事资源的聚集，在全民健身的今天，城市国际马拉松赛的举办也是一举多得的项目。对于其他城市来说，也应当抓住国家放权并大力发展城市马拉松赛事的战略机遇以及国家体育总局制定的《马拉松运动产业发展规划》和出台意见加强马拉松赛事监管和规范马拉松运动健康发展的政策新要求，以泰山国际马拉松赛作为参考，在充分尊重社区居民参与旅游的主动权利，保护社区旅游的生态性前提下，通过地方性知识体系与马拉松赛事的结合，提升社区旅游文化自信；在强化社区参与旅游治理能力的前提下，注意旅游开发中的社会公平，加大旅游产业精准扶贫的力度，提升旅游的社会效应，保证马拉松赛事对城市旅游发展的效益最大化。

附 录

附录1 关于马拉松大众跑者运动需求的调查问卷（马拉松大众跑者问卷）

尊敬的女士/先生：

劳烦占用您五分钟的时间，帮我完成这份调查问卷。感谢您的配合，祝您生活愉快！

1.您的性别是？

A.男　　B.女

2.您的年龄阶段？

A.18岁以下　　B.18—28岁　　C.28—38岁　　D.38—48岁

E.48—58岁　　F.58岁以上

3.您的学历是？

A.初中　　B.高中　　C.高职高专　　D.本科　　E.硕士及以上

4.您参加马拉松运动的年限是？

A.1—2年　　B.3—4年　　C.5—6年　　D.6年以上

5.您一年参与马拉松赛事的次数是？

A.1—3次　　B.4—6次　　C.7—10次　　D.10次以上

6. 您认为一场赛事吸引您的原因是？

A.优质的赛事服务　B.专业的赛事组织　C.赛事服装、奖牌的设计

D.赛事的级别　E.赛事的举办城市及文化

F.其他原因：__________

7. 您参加马拉松运动身体检查的情况是？

A.每次赛前体检　B.每个季度体检一次　C.半年体检一次

D.一年体检一次　E.没有体检

8. 平时您在哪些场地进行训练？

A.校园操场　B.健身场馆　C.城市马路　D.公园

E.其他场地：__________

9. 您一周进行几次跑步训练？

A.1 — 2次　B.3 — 4次　C.5 — 6次　D.6次以上

10. 您平时关注马拉松的训练方法与提升方法吗？

A..非常关注　B.比较关注　C.一般关注　D.不太关注

E.不关注

11. 您希望与专业马拉松跑者进行交流学习吗？

A.非常希望　B.比较希望　C.一般希望　D.不太希望

E.不希望

12. 目前指导您进行训练的教练是？

A.体院学生　B.医师　C.经常参与马拉松运动的人士

D.App　E.自己　F.其他人：__________

13. 指导您进行马拉松训练的教练专业程度为？

A.非常专业　B.比较专业　C.一般专业　D.不太专业

E.完全不专业

14. 您参与马拉松运动是否出现过运动损伤？

A. 是　　B. 否

15. 您在哪些部位出现过运动损伤？

A. 膝关节　　B. 踝关节　　C. 脚部

D. 小腿部位　　E. 其他部位：__________

16. 您认为在马拉松运动中需要了解运动损伤的预防与恢复吗？

A. 非常需要　　B. 比较需要　　C. 一般需要　　D. 不太需要

E. 完全不需要

17. 假使您在马拉松比赛中出现运动损伤您最愿意接受的处理方式是？

A. 自行处理　　B. 医务工作者处理　　C. 志愿者处理

D. 参赛其他运动员处理　　E. 其他处理方式

18. 您在参加马拉松比赛或训练后是如何放松的？

A. 同伴之间　　B. 自己　　C. 志愿者　　D. 健身器械

E. 其他方式：__________

19. 您在参加马拉松比赛或训练后是如何进行恢复的？

A. 拉伸按摩　　B. 营养膳食　　C. 睡眠　　D. 精神娱乐放松

E. 热水浴或冷水浴　　F. 其他放松方式

20. 您需要了解马拉松营养补给的知识吗？

A. 非常需要　　B. 比较需要　　C. 一般需要　　D. 不太需要

E. 完全不需要

21. 您在参与马拉松运动时是否进行营养补给？

A. 是　　B. 否

22.您认为参与马拉松运动是否需要购买补给品？

A.是　B.否

23.您在参与马拉松运动中出现过心理问题吗？

A.出现过　B.未出现过

24.您认为在马拉松运动中需要了解运动心理相关知识吗？

A.非常需要　B.比较需要　C.一般需要　D.不太需要

E.完全不需要

25.您最需要您的教练具备哪类马拉松专业知识？

A.运动训练知识　B .运动伤病与恢复知识　C.马拉松裁判知识

D.马拉松营养补给知识　E.运动心理知识　F.其他

26.您认为参与马拉松运动需要了解的知识是 ？

A.运动训练知识　B.运动伤病与恢复知识　C.马拉松裁判知识

D.马拉松营养补给知识　E.运动心理知识　F.其他

附录2　北京市优秀马拉松跑者训练及参赛情况调查问卷

您好！我是首都体育学院的研究生，目前在调查优秀马拉松参与者的训练情况，为了对训练情况有较为准确的把握，准备了调查问卷。我保证所取得的信息只用在研究过程中，绝不外泄。希望您能够在训练之余抽空帮我填答一份问卷，谢谢！

基本情况

1.您的性别是______

A.男　B.女

2.您的年龄是______

A.29岁及以下　B.30—34岁　C.35—39岁　D.40—44岁

E.45—49岁　F.50—54岁　G.55—59岁　H.60—64岁

I.65岁及以上

3.您参加较为系统、持续的马拉松或者中长跑训练的年限为______

A.1年以下　B.1—2年　C.3—4年　D.5—6年

E.7—9年　F.10年及以上

4.您平常跑步时的路面多为______

A.公路/柏油马路　B.塑胶跑道　C.水泥路　D.山林间路

E.其他：______

5. 您在全程马拉松比赛中获得的最好成绩为______分钟

A.250　B.300　C.310　D.320　E.330　F.340　G.350

H.400　I.410

6. 近两年您平均每年参加距离超过42公里的越野跑和马拉松的比赛次数是______

A.1—2次　B.3—4次　C.5—6次　D.7—8次

E.9次及以上

训练情况

7. 您平均每周训练多少次？

A.1—2次　B.3—4次　C.5—6次　D.7次及以上

E. 不规律

8. 您一般每次跑步多长时间？

A.1小时以下　B.1—2小时　C.2—3小时　D.3小时以上

9. 您多久进行一次大强度的训练？（如：类似心率较高、休息时间较短的间歇跑）

A.3—4天　B.1周　C.2周　D.3周　E.4周及以上

F. 很少，几乎不

10. 您全年的总跑量（包括比赛、日常训练及低强度放松跑）为______

A.1800公里及以下　B.1900—2700公里　C.2800—3600公里

D.3700—4500公里　E.4600—5400公里　F.5500公里及以上

11. 除日常训练外，您还会进行下列哪些交叉训练？（可选3—5个）

A. 游泳　B. 骑行　C. 中长跑、越野跑　D. 篮球、足球、排球

E. 乒乓球、网球、羽毛球　F. 爬山、攀岩　G. 瑜伽、有氧健身操

H. 力量训练　I. 其他：______

12. 第11题所述项的训练在日常训练中所占的比例为______

A.0　B.1%—5%　C.6%—10%　D.11%—15%

E.16%—20%　F.20%以上

13. 您多久进行一次专门的力量训练？

A.1周　B.2周　C.3周　D.4周　E. 很少进行

14. 您经常锻炼身体哪些部位的力量？（可选3—4个）

A. 上肢　B. 肩部　C. 背部　D. 腰腹部　E. 髋关节　F. 臀部

G. 腿部　H. 膝、踝关节　I. 跟腱　J. 综合力量　K. 小肌肉群

15. 您是否专门进行过下列形式的跑步技术训练？（可选3—4个）

A. 上坡跑　B. 下坡跑　C. 转弯跑　D. 折返跑　E. 没有

16. 您感觉自己哪些方面能力的不足，制约了成绩的提升（可选3—4个）

A. 身体素质较差　B. 技术水平不高　C. 心理素质较差

D. 战术意识薄弱　E. 运动智能不高　F. 训练水平不高

G. 训练计划制订不合理　H. 训练计划执行程度较低　I. 伤病问题

J. 恢复练习较少　K. 遗传因素　L. 年龄因素　M. 其他：______

赛前训练及参赛准备

17. 在年度重要比赛前，您一般的准备期为？

A.1个月及以下　B.2个月　C.3个月　D.4个月

E.5个月及以上

18. 您认为大赛后恢复调整时间一般为多久比较理想？

A.1—2周　B.3—4周　C.1个月　D.2个月　E.3个月及以上

19. 您赛前最大月跑量是多少公里？

A.150以下　B.150—200　C.200—250　D.250—300

E.300—500　F.500以上

20. 您的赛前训练安排中，单次训练最大跑量可以达到多少公里？

A.15以下　B.15—25　C.25—35　D.35—42　E.42以上

21. 您的赛前训练安排中，周最大负荷量是多少公里？

A.50以下　B.50—60　C.60—70　D.70—80

E.80—100　F.100及以上

22. 您赛前训练安排中，训练负荷最大的周是倒数第几周？

A.第1—2周　B.第3—4周　C.第5—6周　D.第7—8周

23. 您赛前训练最后2—3周的减量安排是？

A.减强度，维持一定训练量　B.减训练量，维持一定强度

C.既减强度又减训练量　D.基本不减训练量或强度

24. 您在比赛中一般的体能分配情况是______

A.先快后慢　B.先慢后快　C.均衡　D.随意跑

25. 在马拉松比赛当天，您是否有吃早餐或者补充其他能量的习惯？

A.有　B.没有　C.偶尔，看情况

26. 您在马拉松比赛开始前的热身活动有多久?

A.10分钟以下　　B.10 — 25分钟　　C.25 — 40分钟

D.40 — 60分钟　　E.1小时以上

27. 您在全程马拉松比赛中，感觉最吃力的段落是：

A.5 — 10公里　　B.10 — 15公里　　C.15 — 21公里

D.21 — 25公里　　E.25 — 30公里　　F.30 — 35公里

G.35公里 — 终点

恢复与损伤

28. 马拉松赛后何时开始进行恢复性训练（俗称“排酸跑”）?

A. 当天傍晚　　B. 次日早晨　　C. 次日傍晚　　D. 三天以后

E. 无

29. 您的日常饮食包括下列哪些食品?（可多选）

A. 淀粉类　　B. 肉蛋类　　C. 水果　　D. 牛奶及奶制品　　E. 蔬菜

F. 坚果　　G. 动物肝脏、蛋黄　　H. 豆类及豆制品

I. 糖/巧克力/油炸类　　J. 粗粮杂粮　　K. 饼干、点心类

L. 海产品　　M. 其他：______

30. 您平常训练后的放松恢复性训练时间为______分钟

A.10以下　　B.10 — 25　　C.25 — 40　　D.40 — 60

E.60以上

31. 平常训练和比赛后最常用的恢复手段有哪些?（可选3 — 4个）

A. 慢跑　　B. 肌肉拉伸　　C. 按摩　　D. 冷热水浴　　E. 热水浴

F. 冷水浴/冰敷　　G. 泡沫滚轴　　H. 睡觉　　I. 互相脚踩放松

J.饮食营养补充　　K.无

32.在平常训练中出现损伤的情况下，您的处理方式是?

A.停止跑步，询问教练或医生　　B.减少跑量，仍坚持训练

33.您在训练和比赛中发生的损伤多集中在哪些部位?（可选3—4个）

A.手腕、手肘　　B.肩部　　C.背部　　D.腰腹部　　E.髋关节

F.臀部　　G.大腿　　H.小腿　　I.膝关节　　J.踝关节

K.跟腱　　L.脚部　　M.其他：______

34.您认为训练和比赛中出现损伤的原因是?（可选3—4个）

A.热身不够充分　　B.没有系统训练　　C.缺乏专业指导

D.跑量过大　　E.技术动作不合理　　F.比赛中经常出现，正常

附录3　关于高校田径课程资源开发的调查问卷（教师问卷）

您好！感谢您在百忙之中抽出时间填写此调查问卷，我们为了了解高校田径课程资源开发的基本情况，请您根据您的实际想法匿名填写问卷，再次感谢您的合作！

1.您的性别是：

A.男　B.女

2. 您从事田径教学的年限是?

A. 1—5年　B. 5—10年　C. 10—15年　D. 15—20年　E.20年以上

3.您的职称是：

A.助教　B.讲师　C.副教授　D.教授

4.您来自哪所高校?

A.首都体育学院　B.北京体育大学　C.北京化工大学　D.中央民族大学　E.首都师范大学

5.您每学期外出参加田径方面的培训、会议的次数是?

A.1—2次　B.3—4次　C.5—6次　D.7次及以上　E.0次

6. 您每学期外出参加田径课程资源培训的次数是?

A.1—2次　B.3—4次　C.5—6次　D.7次及以上　E.0次

7. 目前您在田径教学中是否开发课程人力资源？

A. 是（转答第8题） B. 否（转答第9题）

8. 目前您开发的田径课程人力资源有哪些？（多选）

A. 教师 B. 学生 C. 家长 D. 校外专业田径教练、运动员

E. 校医 F. 其他人士

9. 目前您在田径课程中是否融入其他与田径相关的新兴项目的教学内容？

A. 是（转答第10题） B. 否（转答第11题）

10. 您对哪些新兴项目进行过授课？（多选）

A. 定向越野 B. 徒步 C. 攀岩 D. 登山

E. 其他新兴运动项目：__________

11. 目前学校的场地器材资源可以满足您教学的需求吗？

A. 非常满足 B. 比较满足 C. 一般满足 D. 不太满足

E. 完全不满足

12. 您开发校外田径场地、器材资源的情况是？

A. 经常开发 B. 有时开发 C. 偶尔开发 D. 从不开发

13. 您在田径课程中利用哪些自然地理资源？（多选）

A北京的地形 B. 北京的气候 C. 北京的地貌

D. 其他自然地理资源：__________

14. 您认为阻碍田径课程开发自然地理资源的主要因素是？

A. 安全问题 B. 学校不允许 C. 加大教师工作量

D. 出问题承担责任 E. 其他原因：__________

15. 您认为学习田径的时间包括：（多选）

A. 田径课堂教学时间 B. 田径课外学习时间

C.学生课外锻炼时间　　D.学生参加田径比赛时间

E.其他时间：__________

16.您有没有为学生布置田径课外作业？

A.有　　B.没有

17.您认为师生主要通过什么手段获得田径相关的信息？

A.田径教材　　B.网络　　C.外出学习机会　　D.体育期刊

E.与教师、同学之间的交流　　F.电视广播

G.其他方式：__________

18.目前您在田径课程中是否融入马拉松相关教学内容？

A.是（转答第19题）　　B.否（转答第20题）

19.您涉及哪些马拉松教学内容？（多选）

A.马拉松赛事服务、裁判等相关知识　　B.马拉松训练相关知识

C.马拉松生理、心理相关知识

D.马拉松伤病预防、营养补给等相关知识

E.其他马拉松知识：__________

20.您没有涉及马拉松教学的主要原因是：

A.对于马拉松相关知识不了解　　B.培养计划没有马拉松相关内容

C.场地器材限制　　D.为学生人身安全考虑　　E.学生不喜欢

F.其他原因：__________

21.您认为马拉松教学可以开发哪些人力资源？（多选）

A.田径教师　　B.经常参与马拉松赛事的学生家长

C.经常参与马拉松赛事的学生、校友

D.大型马拉松赛事的工作人员　　E.其他人力资源：__________

22. 您认为可以在田径课程中讲授哪些马拉松知识？（多选）

A. 马拉松赛事服务、裁判等相关知识　　B. 马拉松训练相关知识

C. 马拉松生理、心理相关知识

D. 马拉松伤病预防、营养补给等相关知识

E. 其他马拉松知识：__________

23. 您认为目前学校的场地器材，可以满足您今后进行马拉松教学的需求吗？

A. 非常满足　　B. 比较满足　　C. 一般满足　　D. 不太满足

E. 完全不满足

24. 您认为可以开发哪些场地资源进行马拉松教学？（多选）

A. 校内田径场　　B. 校园马路　　C. 校外健身公园

D. 校外城市马路　　E. 已经举办过赛事的城市马拉松赛道

F. 其他场地：__________

25. 您认为可以通过哪些渠道了解马拉松相关的信息？（多选）

A. 田径教材、体育期刊　　B. 电视、网络等媒体　　C. 外出学习机会

D. 其他教师、同事之间的交流　　E. 其他方式：__________

26. 您对于将马拉松项目引入高校田径课程中有哪些合理化建议？

答：

附录4 泰山国际马拉松赛调查问卷

您好，本次调查不会涉及您的个人信息，不填写姓名，您可以根据自己的实际情况填写，您的如实回答将会是我完成论文的保证，非常感谢您的支持与帮助。请在确认的信息后打“√”

1.您的性别

A.男

B.女

2.您的年龄

A.18 — 30岁

B.30 — 50岁

C.50 — 60岁

D.60 — 70岁

E.70岁以上

3.您的学历

A.高职高专

B.本科

C.硕士

D.博士

4. 您是通过什么方式了解到泰山国际马拉松赛的（限选三项）

A. 网络媒体

B. 电视广播媒体

C. 报纸、杂志、广告

D. 户外宣传

E. 亲友

F. 其他

5. 您作为运动员、志愿者、观众是否参加过泰山国际马拉松赛

A. 每届参加

B. 参加过四届

C. 参加过三届

D. 参加过两届

E. 参加过一届

F. 没有参加过

6. 您的职业是

A. 学生

B. 教育岗位

C. 政府岗位

D. 自营业

E. 其他

7. 泰山国际马拉松赛促进了城市的哪些软硬件设施的改造（多选题）

A. 社区休闲健身环境改善与升级

B. 市区交通设施改善与升级

C. 实现学校健身场地与市民共享

D. 当地娱乐设施的改善与升级

8. 您知道泰安市政府为举办马拉松赛事对城市基础设施的改造有哪些（多选题）

A. 泰山博物馆

B. 新能源空铁示范线一期工程

C. 岱顶引水上山工程

D. “泰山慢谷”

9. 您觉得泰山国际马拉松赛的举办给泰安这座城市带来了哪些社会价值（多选题）

A. 促进社区体育文化建设的和谐发展，为城市生态文明建设助力

B. 推动社区健身步道的绿色发展，方便市民绿色健身出行

C. 改善民生健身设施的需求，提升健身服务平台建设质量

D. 增进家庭体育凝聚力，提升居民幸福指数

10. 您觉得泰山国际马拉松赛的举办给泰安这座城市带来了哪些社会文化上的影响（多选题）

A. 提高城市旅游文化的知名度

B. 丰富和细化了泰安市文化发展的内容

C. 带动当地文化的发展和传播

D. 实现马拉松精神和泰安文化相融合

11. 您觉得泰山国际马拉松赛的举办给当地旅游产业带来了哪些发展（多选题）

A. 旅游就业岗位的增加

B. 旅游交通的改善

C. 旅游生态环境的美化

D.旅游公共服务水平的明显提升

12.您认为举办泰山国际马拉松赛对泰安市的城市旅游发展，具有哪些影响（多选题）

A.提高旅游资源竞争力

B.提升旅游业管理水平

C.带动旅游产业链聚集

D.提升旅游公共服务质量

13.您认为举办泰山国际马拉松赛能促进城市旅游发展，带动城市经济的哪些效应（多选题）

A.间接经济效应

B.直接经济效应

C.短期经济效应

D.长期经济效应

14.您认为举办泰山国际马拉松赛促进城市旅游发展的经济价值有哪些（多选题）

A.加快旅游与文化融合促进文化旅游经济增长

B.加快旅游与体育融合促进体育旅游经济增长

C.加快旅游与生态融合促进生态旅游经济增长

D.加快旅游与相关产业融合促进全域旅游经济增长

15.您觉得泰山国际马拉松赛的举办向世界展现了泰安的哪些生态“名片”（多选题）

A.展示了泰安市当地旅游风情

B.展示了泰安市干净宜居的旅游生活环境

C.展示了泰安市优美的旅游自然风光

D.展示了泰安市干净宜居的旅游生活环境

16.您觉得泰山国际马拉松赛的举办为该城市的生态旅游带来了哪些发展（多选题）

A.促进了绿色旅游发展

B.带动了低碳旅游发展

C.加快了循环旅游发展

D.加快了对生态旅游补偿机制的构建

17.泰山国际马拉松赛举办后，一些相关设施是否得到合理利用（多选题）

A.移动厕所的合理归置

B.垃圾的循环分类

C.条幅的收集与改造

D.无障碍旅游设施的建设

18.您对泰山国际马拉松赛促进城市旅游发展有什么其他看法或建议

答：

附录5　教练员专家访谈提纲

1.影响业余马拉松运动员成绩的主要因素有哪些?

2.业余马拉松跑者的主要训练方法及手段有哪些? 训练方法的发展趋势是什么?

3.业余跑者全年训练计划是如何安排的?

4.跑者常用的速度、力量、(专项)耐力、协调性、柔韧性素质训练方法有哪些?

5.您认为马拉松运动员应当重视身体哪些部位的力量训练?

6.队员是否存在速度障碍，训练中如何保持节奏感和提高加速冲刺能力?

7.您的队员课最大负荷量是多少? 周最大负荷量是多少?

8.业余马拉松跑者每周最适宜的训练量是多少? 训练中如何控制负荷强度和训练量?

9.负荷强度较大的训练课中，跑每公里所用的时间范围一般控制在多少?

10.本次北京马拉松比赛前各个阶段是怎样划分和安排的，各个阶段的具体时间是什么样的? 各个阶段的训练任务是什么?

11.北京马拉松的训练计划为什么多中、高强度负荷训练，缺少低强度的有氧耐力训练?

12.您认为业余跑者全年参加几次马拉松赛事比较合适?

13. 日常训练课结束后，一般采取哪些积极性措施进行恢复？比赛后的恢复措施或手段有哪些？恢复调整一般需要多久？

14. 在训练和比赛中您遇到的主要伤病问题是什么？

15. 您认为公路跑与场地跑相比主要技术差异是什么？您认为上坡跑、下坡跑、转弯跑、折返跑技术有哪些不同？

附录6　马拉松运动需求专家访谈提纲

尊敬的领导：

您好！我是首都体育学院李 × ×，因研究需要特别设计这份访谈提纲。最后祝您工作顺利，生活愉快！

访谈时间：

访谈地点：

访谈对象：

1. 您认为大众马拉松跑者目前存在哪些方面的需求？

2. 跑者的这些需求为什么没有得到适当的满足？

3. 您认为有必要将马拉松引入高校田径课程中吗？为什么？

4. 您对于田径课程开发马拉松教学资源有什么好的建议？

附录7　田径课程专家访谈提纲

尊敬的专家：

您好！我是首都体育学院李 × ×，因研究需要特别设计这份访谈提纲。最后祝您工作顺利，生活愉快！

访谈时间：

访谈地点：

访谈对象：

1.您了解田径课程资源的概念与分类吗？

2.您认为影响田径课程资源开发的因素有哪些？

3.您了解马拉松运动吗？

4.您认为有必要将马拉松作为田径课程资源开发在田径课程中吗？为什么？

5.您认为影响开发马拉松教学资源进入田径课程的因素有哪些？

6.您对于田径课程开发马拉松教学资源有什么好的建议？

附录8　泰山国际马拉松赛访谈提纲

1. 请您谈谈泰山国际马拉松赛的发展状况。

2. 请您谈谈城市马拉松赛的潜在优势有哪些？泰山国际马拉松赛应如何开发？

3. 本届泰山国际马拉松赛的定位是什么？

4. 请您谈谈泰山国际马拉松赛事品牌构建的现状及未来发展规划。

5. 请您谈谈泰山国际马拉松赛事的品牌延伸以及如何打造体育旅游消费热点。

附录9 调查图片

微信图片_20181021173425
微信图片_20181021173421
微信图片_20181021173414
微信图片_20181021173333

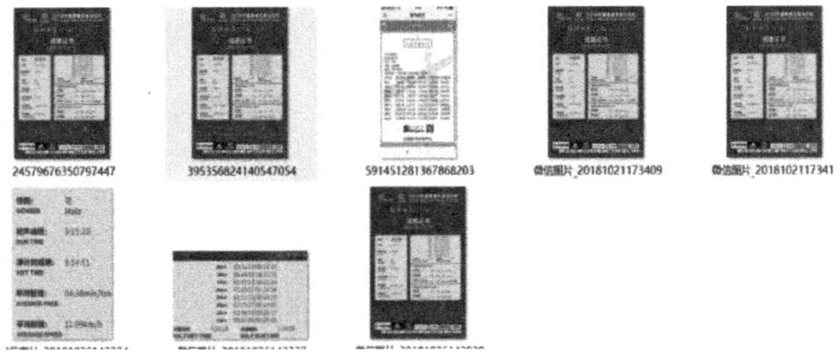

2018年北京马拉松全程比赛成绩

性别	全程成绩	5km	10km	15km	20km	25km	30km	35km	40km
男(300)	2:59:16	0:21:43	0:43:02	1:03:54	1:24:55	1:46:01	2:07:05	2:28:10	2:49:23
	2:59:25	0:20:31	0:40:54	1:01:15	1:21:31	1:42:27	2:04:02	2:26:07	2:49:10
	2:59:25	0:21:40	0:42:29	1:03:16	1:24:11	1:45:10	2:06:19	2:27:38	2:49:29
	2:59:00	0:21:40	0:42:29	1:03:25	1:24:13	1:45:20	2:06:34	2:27:51	2:49:21
	2:55:13	0:19:18	0:38:28	0:57:56	1:18:03	1:39:09	2:00:52	2:21:57	2:44:03
	2:54:08	0:20:25	0:41:05	1:01:34	1:21:58	1:42:39	2:03:32	2:24:14	2:45:09
平均数	2:57:45	0:20:53	0:41:24	1:01:53	1:22:29	1:43:28	2:04:44	2:26:00	2:47:46
每5km时间差	0:09:59	0:20:53	0:20:32	0:20:28	0:20:36	0:20:59	0:21:16	0:21:15	0:21:47
男（315）	3:00:02	0:21:32	0:43:18	1:04:33	1:25:43	1:46:47	2:07:52	2:29:06	2:50:37
	3:00:23	0:20:45	0:41:26	1:01:47	1:22:03	1:42:53	2:04:05	2:26:12	2:49:53
	3:14:21	0:22:57	0:45:37	1:08:11	1:30:46	1:53:03	2:15:24	2:38:14	3:02:01
	3:08:00	0:21:58	0:43:53	1:05:31	1:27:27	1:49:30	2:11:37	2:33:40	2:57:16
	3:14:56	0:22:24	0:44:07	1:05:18	1:26:41	1:48:09	2:11:42	2:36:33	3:03:30
	3:01:30	0:20:57	0:41:47	1:02:53	1:24:15	1:45:26	2:06:43	2:28:00	2:50:33
	3:05:29	0:20:34	0:40:56	1:01:44	1:22:40	1:43:41	2:06:00	2:30:10	2:54:01
平均数	3:06:23	0:21:35	0:43:01	1:04:17	1:25:39	1:47:04	2:09:03	2:31:42	2:55:25
每5km时间差	0:10:58	0:21:35	0:21:25	0:21:16	0:21:23	0:21:25	0:21:59	0:22:39	0:23:43

		5km	10km	15km	20km	25km	30km	35km	40km
男（330）	3:16:05	0:22:42	0:44:53	1:06:57	1:29:22	1:52:02	2:15:45	2:39:30	3:03:40
	3:15:20	0:22:29	0:44:59	1:07:23	1:29:57	1:52:32	2:15:37	2:38:54	3:03:59
	3:24:25	0:23:14	0:45:29	1:07:57	1:30:36	1:53:13	2:16:29	2:41:10	3:08:23
	3:24:56	0:24:04	0:47:22	1:10:26	1:33:44	1:56:57	2:20:49	2:45:17	3:11:41
	3:23:36	0:22:07	0:43:33	1:05:06	1:27:05	1:49:25	2:12:28	2:39:33	3:10:53
	3:23:54	0:19:25	0:39:21	0:59:32	1:20:21	1:41:20	2:05:01	2:38:03	3:10:29
	3:25:30	0:23:33	0:47:52	1:11:39	1:35:25	1:59:25	2:23:52	2:48:29	3:14:12
平均数	3:21:58	0:22:31	0:44:47	1:07:00	1:29:30	1:52:08	2:15:43	2:41:34	3:09:02
每5km时间差	0:12:56	0:22:31	0:22:16	0:22:13	0:22:30	0:22:38	0:23:35	0:25:51	0:27:28
330以后	3:31:19	0:24:45	0:49:17	1:13:49	1:37:49	2:02:09	2:26:29	2:51:20	3:17:36
	3:40:35	0:26:31	0:52:57	1:18:42	1:43:32	2:09:08	2:35:36	3:02:20	3:26:37
	4:03:34	0:26:58	0:53:39	1:20:05	1:47:00	2:14:31	2:43:41	3:13:54	3:46:37
	4:24:44	0:30:18	0:59:46	1:29:27	1:58:34	2:28:05	2:58:35	3:30:20	4:03:23
	3:41:36	0:24:49	0:49:25	1:13:45	1:38:24	2:03:15	2:29:23	2:56:37	3:24:35
	3:32:32	0:24:30	0:49:14	1:13:44	1:38:30	2:03:32	2:28:36	2:53:44	3:19:13
	4:04:04	0:28:23	0:56:40	1:24:25	1:51:57	2:19:44	2:47:55	3:16:21	3:46:05
平均数	3:51:12	0:26:36	0:53:00	1:19:08	1:45:07	2:11:29	2:38:36	3:06:22	3:34:52
每5km时间差	0:16:20	0:26:36	0:26:23	0:26:08	0:25:58	0:26:23	0:27:07	0:27:46	0:28:30

附录10 专家访谈记录

马拉松专家访谈提纲

尊敬的领导

您好，我是首都体育学院[redacted]在导师指导下从事《马拉松教学资源在首都五所高校田径课程中的开发与对策研究》的硕士论文工作，因研究需要特别设计这份访谈提纲。最后祝您工作顺利，生活愉快！

访谈时间：2018年9月26日

访谈地点：北京马拉松协会办公室

访谈对象：

1.您认为大众马拉松跑者目前存在哪些方面的需求吗？

运动康复训练、服务、营养补给

安全、运动伤病预防、赛中安全服务最主要

2.跑者的这些需求为什么没有得到适当的解决？

大众跑者的情况比较复杂、需求层次不一样　马拉松项目特点

3.您认为有必要将马拉松引入高校田径课程中吗？为什么？

有必要，作为课程资源与高校结合，促进马拉松运动的发展，可以作为高校田径课程的新内容

4.您对于田径课程开发马拉松教学资源有什么好的建议？

(1) 田径课中可加入马拉松相关教学内容；

(2) 邀请大众马拉松爱好者进课堂

(3) 建议高校举办校园马拉松运动

附录11　统计表格

一、男子成绩分布情况

描述性统计资料				
因变量： man hour				
age	year	平均数	标准偏差	*N*
1.00	1.00	2.7636	.13236	100
	2.00	2.6823	.11729	100
	3.00	2.6097	.11353	100
	4.00	2.5152	.08488	100
	总计	2.6427	.14543	400
2.00	1.00	2.9812	.09467	100
	2.00	2.9472	.10244	100
	3.00	2.8443	.08606	100
	4.00	2.7800	.08936	100
	总计	2.8882	.12291	400
3.00	1.00	2.9849	.11466	100
	2.00	2.9309	.09856	100

续表

描述性统计资料				
因变量： man hour				
age	year	平均数	标准偏差	*N*
3.00	3.00	2.8917	.08753	100
	4.00	2.8142	.08689	100
	总计	2.9054	.11544	400
4.00	1.00	3.0276	.11967	100
	2.00	3.0002	.09560	100
	3.00	2.9516	.09595	100
	4.00	2.9121	.07545	100
	总计	2.9729	.10722	400
5.00	1.00	3.2132	.13074	100
	2.00	3.1295	.11003	100
	3.00	3.0899	.11757	100
	4.00	3.0167	.08027	100
	总计	3.1123	.13160	400
6.00	1.00	3.3572	.13769	100
	2.00	3.2768	.14697	100
	3.00	3.2626	.12573	100
	4.00	3.1807	.12272	100
	总计	3.2693	.14714	400
总计	1.00	3.0546	.22434	600

续表

描述性统计资料				
因变量： man hour				
age	year	平均数	标准偏差	*N*
总计	2.00	2.9945	.21532	600
	3.00	2.9416	.22873	600
	4.00	2.8698	.22617	600
	总计	2.9651	.23368	2400

主旨间效果检定						
因变量： man hour						
来源	第 III 类平方和	d*f*	平均值平方	*F*	显著性	局部 Eta 方形
修正的模型	102.932a	23	4.475	378.801	.000	.786
截距	21100.912	1	21100.912	1786040.880	.000	.999
age	91.083	5	18.217	1541.901	.000	.764
year	11.107	3	3.702	313.376	.000	.284
age × year	.742	15	0.049	4.187	.000	.026
错误	28.071	2376	0.012			
统计	21231.914	2400				
校正后总数	131.003	2399				
a. R^2 = .786（调整的 R^2 = .784）						

续表

单变量测试						
因变量： man hour						
	平方和	df	平均值平方	F	显著性	局部 Eta 方形
比对	11.107	3	3.702	313.376	.000	.284
错误	28.071	2376	.012			
本表为F 测试year 的效果。此测试以已估计边际平均值中的线性独立成对比较为基础						

二、女子成绩分布情况

描述性统计资料				
因变量： woman hour				
age	year	平均数	标准偏差	N
1.00	1.00	3.4381	.25612	100
	2.00	3.3297	.24969	100
	3.00	3.2024	.22572	100
	4.00	3.0828	.21019	100
	统计	3.2633	.27057	400
2.00	1.00	3.7477	.21198	100
	2.00	3.6427	.16510	100
	3.00	3.4853	.16554	100
	4.00	3.3405	.16073	100

续表

描述性统计资料				
因变量： woman hour				
age	year	平均数	标准偏差	*N*
2.00	统计	3.5540	.23475	400
3.00	1.00	3.6816	.19926	100
	2.00	3.5828	.15849	100
	3.00	3.4832	.14108	100
	4.00	3.3905	.13519	100
	统计	3.5345	.19346	400
4.00	1.00	3.8038	.23083	100
	2.00	3.6738	.16271	100
4.00	3.00	3.5566	.15423	100
	4.00	3.4427	.12604	100
	统计	3.6193	.21843	400
5.00	1.00	4.0172	.28772	100
	2.00	3.8726	.24309	100
	3.00	3.8098	.20516	100
	4.00	3.6972	.17329	100
	统计	3.8492	.25785	400
6.00	1.00	4.3754	.38354	100
	2.00	4.2248	.33214	100

续表

描述性统计资料				
因变量： woman hour				
age	year	平均数	标准偏差	*N*
6.00	3.00	4.2338	.35619	100
	4.00	4.0832	.23075	100
	统计	4.2293	.34535	400
统计	1.00	3.8440	.39687	600
	2.00	3.7211	.35735	600
	3.00	3.6285	.39099	600
	4.00	3.5061	.36067	600
	统计	3.6749	.39649	2400

主旨间效果检定						
因变量： woman hour						
来源	第III类平方和	*df*	平均值平方	*F*	显著性	局部 Eta 方形
修正的模型	256.107a	23	11.135	218.607	.000	.679
截距	32412.310	1	32412.310	636327.976	.000	.996
age	217.848	5	43.570	855.371	.000	.643
year	36.808	3	12.269	240.877	.000	.233
age × year	1.451	15	.097	1.899	.019	.012

续表

主旨间效果检定						
因变量： woman hour						
来源	第Ⅲ类平方和	df	平均值平方	F	显著性	局部 Eta 方形
错误	121.025	2376	.051			
统计	32789.442	2400				
校正后总数	377.132	2399				
a. $R^2 = .679$（调整的 $R^2 = .676$）						

单变量测试						
因变量： woman hour						
	平方和	df	平均值平方	F	显著性	局部 Eta 方形
比对	217.848	5	43.570	855.371	.000	.643
错误	121.025	2376	.051			
本表为 F 测试 age 的效果。此测试以已估计边际平均值中的线性独立成对比较为基础						

描述性统计资料									
		个案数	平均值	标准偏差	标准错误	平均值的 95% 置信区间		最小值	最大值
						上限	下限		
成绩	1.00	37	3.2457	.22662	.03726	3.1701	3.3212	2.80	3.67
	2.00	55	3.7422	.24378	.03287	3.6763	3.8081	2.88	4.33

续表

描述性统计资料									
		个案数	平均值	标准偏差	标准错误	平均值的95%置信区间		最小值	最大值
						上限	下限		
成绩	3.00	20	4.5925	.37634	.08415	4.4164	4.7686	4.17	5.72
	总计	112	3.7300	.53114	.05019	3.6305	3.8295	2.80	5.72
跑步年限	1.00	37	2.1622	2.19549	.36094	1.4301	2.8942	.50	10.00
	2.00	55	2.4091	2.33946	.31545	1.7766	3.0415	.50	10.00
	3.00	20	1.9000	1.42902	.31954	1.2312	2.5688	.50	5.50
	总计	112	2.2366	2.14766	.20293	1.8345	2.6387	.50	10.00
年比赛次数	1.00	37	4.3514	2.56273	.42131	3.4969	5.2058	1.50	9.00
	2.00	55	3.4545	1.99135	.26851	2.9162	3.9929	1.50	9.00
	3.00	20	2.4000	1.20961	.27048	1.8339	2.9661	1.50	5.50
年比赛次数	总计	112	3.5625	2.18319	.20629	3.1537	3.9713	1.50	9.00
周训练次数	1.00	37	3.8189	1.20481	.19807	3.4172	4.2206	1.50	5.50
	2.00	55	3.2436	1.22016	.16453	2.9138	3.5735	1.50	5.50
	3.00	20	3.1900	1.33964	.29955	2.5630	3.8170	1.50	5.50
	总计	112	3.4241	1.25707	.11878	3.1887	3.6595	1.50	5.50
年跑量	1.00	37	2367.5676	596.30997	98.03276	2168.7479	2566.3872	1800.00	4100.00

续表

描述性统计资料									
		个案数	平均值	标准偏差	标准错误	平均值的95%置信区间		最小值	最大值
						上限	下限		
年跑量	2.00	55	2261.8182	524.04796	70.66261	2120.1482	2403.4882	1800.00	3200.00
	3.00	20	1995.0000	359.05578	80.28731	1826.9567	2163.0433	1800.00	3200.00
	总计	112	2249.1071	536.08449	50.65522	2148.7304	2349.4838	1800.00	4100.00
月跑量	1.00	37	239.1892	82.81936	13.61542	211.5758	266.8025	150.00	400.00
	2.00	55	225.0000	64.90734	8.75210	207.4531	242.5469	150.00	400.00
	3.00	20	193.7500	57.85360	12.93646	166.6737	220.8263	150.00	400.00
	总计	112	224.1071	71.33923	6.74092	210.7496	237.4647	150.00	400.00
单次训练最大跑量	1.00	37	24.7297	6.66103	1.09507	22.5088	26.9506	15.00	30.00
	2.00	55	26.2273	6.84269	.92267	24.3774	28.0771	15.00	38.50
	3.00	20	24.4250	7.07344	1.58167	21.1145	27.7355	15.00	38.50
	总计	112	25.4107	6.81123	.64360	24.1354	26.6861	15.00	38.50

单因素分析							
			平方和	df	平均值平方	F	显著性
成绩	组间		23.565	2	11.783	165.739	.000
	组内	7.749		109	.071		
	总计	31.314		111			

续表

单因素分析							
			平方和	df	平均值平方	F	显著性
跑步年限	组间		4.107	2	2.054	.441	.645
	组内	507.872		109	4.659		
	总计	511.980		111			
年参赛次数	组间		50.694	2	25.347	5.775	.004
	组内	478.369		109	4.389		
	总计	529.063		111			
周训练次数	组间		8.655	2	4.327	2.829	.063
	组内	166.750		109	1.530		
	总计	175.405		111			
年跑量	组间		1819511.451	2	909755.726	3.297	.041
	组内	30080399.263		109	275966.966		
	总计	31899910.714		111			
月跑量	组间		26891.289	2	13445.644	2.724	.070
	组内	538019.426		109	4935.958		
	总计	564910.714		111			
单次训练最大跑量	组间		73.263	2	36.632	.787	.458
	组内	5076.344		109	46.572		
	总计	5149.607		111			

描述性统计资料									
		个案数	平均值	标准偏差	标准错误	平均值的95%置信区间		最小值	最大值
						上限	下限		
成绩	1.00	37	3.2457	.22662	.03726	3.1701	3.3212	2.80	3.67
	2.00	55	3.7422	.24378	.03287	3.6763	3.8081	2.88	4.33
	3.00	20	4.5925	.37634	.08415	4.4164	4.7686	4.17	5.72
	总计	112	3.7300	.53114	.05019	3.6305	3.8295	2.80	5.72
跑步年限	1.00	37	2.1622	2.19549	.36094	1.4301	2.8942	.50	10.00
	2.00	55	2.4091	2.33946	.31545	1.7766	3.0415	.50	10.00
	3.00	20	1.9000	1.42902	.31954	1.2312	2.5688	.50	5.50
	总计	112	2.2366	2.14766	.20293	1.8345	2.6387	.50	10.00
年比赛次数	1.00	37	4.3514	2.56273	.42131	3.4969	5.2058	1.50	9.00
	2.00	55	3.4545	1.99135	.26851	2.9162	3.9929	1.50	9.00
	3.00	20	2.4000	1.20961	.27048	1.8339	2.9661	1.50	5.50
	总计	112	3.5625	2.18319	.20629	3.1537	3.9713	1.50	9.00
周训练次数	1.00	37	3.8189	1.20481	.19807	3.4172	4.2206	1.50	5.50
	2.00	55	3.2436	1.22016	.16453	2.9138	3.5735	1.50	5.50
	3.00	20	3.1900	1.33964	.29955	2.5630	3.8170	1.50	5.50
	总计	112	3.4241	1.25707	.11878	3.1887	3.6595	1.50	5.50

续表

年跑量	1.00	37	2367.5676	596.30997	98.03276	2168.7479	2566.3872	1800.00	4100.00
	2.00	55	2261.8182	524.04796	70.66261	2120.1482	2403.4882	1800.00	3200.00
	3.00	20	1995.0000	359.05578	80.28731	1826.9567	2163.0433	1800.00	3200.00
	总计	112	2249.1071	536.08449	50.65522	2148.7304	2349.4838	1800.00	4100.00
月跑量	1.00	37	239.1892	82.81936	13.61542	211.5758	266.8025	150.00	400.00
	2.00	55	225.0000	64.90734	8.75210	207.4531	242.5469	150.00	400.00
	3.00	20	193.7500	57.85360	12.93646	166.6737	220.8263	150.00	400.00
	总计	112	224.1071	71.33923	6.74092	210.7496	237.4647	150.00	400.00
单次训练最大跑量	1.00	37	24.7297	6.66103	1.09507	22.5088	26.9506	15.00	30.00
	2.00	55	26.2273	6.84269	.92267	24.3774	28.0771	15.00	38.50
	3.00	20	24.4250	7.07344	1.58167	21.1145	27.7355	15.00	38.50
	总计	112	25.4107	6.81123	.64360	24.1354	26.6861	15.00	38.50

多重比较							
LSD							
因变量	(I)等级①	(J)等级②	平均值差值(I–J)	标准错误	显著性	95% 置信区间	
						下限	上限
成绩	1.00	2.00	−.49651*	.05669	.000	−.6089	−.3841
		3.00	−1.34682*	.07400	.000	−1.4935	−1.2002
	2.00	1.00	.49651*	.05669	.000	.3341	.6089
		3.00	−.85032*	.06962	.000	−.9883	−.7123

①② 本表中，“1.00”表示大众精英级；“2.00”表示大众一级；“3.00”表示大众二级。

续表

多重比较							
LSD							
因变量	（I）等级	（J）等级	平均值差值（I–J）	标准错误	显著性	95% 置信区间	
						下限	上限
成绩	3.00	1.00	1.34682*	.07400	.000	1.2002	1.4935
		2.00	.85032*	.06962	.000	.7123	.9883
跑步年限	1.00	2.00	–.24693	.45896	.592	–1.1566	.6627
		3.00	.26216	.59908	.663	–.9252	1.4495
	2.00	1.00	.24693	.45896	.592	–.6627	1.1566
		3.00	.50909	.56364	.368	–.6080	1.6262
	3.00	1.00	–.26216	.59908	.663	–1.4495	.9252
		2.00	–.50909	.56364	.368	–1.6262	.6080
年比赛次数	1.00	2.00	.89681*	.44543	.047	.0140	1.7796
		3.00	1.95135*	.58142	.001	.7990	3.1037
	2.00	1.00	–.89681*	.44543	.047	–1.7796	–.0140
		3.00	1.05455	.54702	.056	–.0296	2.1387
	3.00	1.00	–1.95135*	.58142	.001	–3.1037	–.7990
		2.00	–1.05455	.54702	.056	–2.1387	.0296
周训练次数	1.00	2.00	.57528*	.26299	.031	.0541	1.0965
		3.00	.62892	.34327	.070	–.0514	1.3093
	2.00	1.00	–.57528*	.26299	.031	–1.0965	–.0541

续表

多重比较							
LSD							
因变量	（I）等级	（J）等级	平均值差值（I–J）	标准错误	显著性	95% 置信区间	
						下限	上限
周训练次数	2.00	3.00	.05364	.32296	.868	–.5865	.6937
	3.00	1.00	–.62892	.34327	.070	–1.3093	.0514
		2.00	–.05364	.32296	.868	–.6937	.5865
年跑量	1.00	2.00	105.74939	111.69668	.346	–115.6298	327.1286
		3.00	372.56757*	145.79751	.012	83.6016	661.5335
	2.00	1.00	–105.74939	111.69668	.346	–327.1286	115.6298
		3.00	266.81818	137.17117	.054	–5.0506	538.6870
	3.00	1.00	–372.56757*	145.79751	.012	–661.5335	–83.6016
		2.00	–266.81818	137.17117	.054	–538.6870	5.0506
月跑量	1.00	2.00	14.18919	14.93817	.344	–15.4178	43.7962
		3.00	45.43919*	19.49877	.022	6.7933	84.0851
	2.00	1.00	–14.18919	14.93817	.344	–43.7962	15.4178
		3.00	31.25000	18.34510	.091	–5.1094	67.6094
	3.00	1.00	–45.43919*	19.49877	.022	–84.0851	–6.7933
		2.00	–31.25000	18.34510	.091	–67.6094	5.1094
单次训练最大跑量	1.00	2.00	–1.49754	1.45102	.304	–4.3734	1.3783
		3.00	.30473	1.89402	.872	–3.4492	4.0586

续表

多重比较							
LSD							
因变量	（I）等级	（J）等级	平均值差值（I–J）	标准错误	显著性	95% 置信区间	
						下限	上限
单次训练最大跑量	2.00	1.00	1.49754	1.45102	.304	–1.3783	4.3734
		3.00	1.80227	1.78195	.314	–1.7295	5.3340
	3.00	1.00	–.30473	1.89402	.872	–4.0586	3.4492
		2.00	–1.80227	1.78195	.314	–5.3340	1.7295

后　记

本书主要对影响马拉松发展的三个因素进行了探讨。首先对北京优秀业余马拉松跑者的训练特点进行了阐述，了解了大众在参与马拉松运动过程中存在的主要问题。然后以首都五所高校为例，论证了马拉松教学资源在高校田径课程中开发的必要性与对策。最后以泰山国际马拉松赛为例，对国际马拉松赛促进城市旅游发展效应及对策进行了研究。虽说本书关注的主要对象是大众跑者，但高水平马拉松运动员也是推动马拉松项目发展的重要力量，由于研究精力有限，本书未能对该群体的特征进行研究和分析，这将会是笔者未来的努力方向。

在本书的研究开展过程中，有许多人为我提供了大力支持，在此一一感谢。感谢我的研究生张芮（第一章）、李亚男（第二章）和窦文妮（第三章），三位同学为本书的撰写贡献了各自的热情和智慧。感谢研究生王子鑫、李雅、魏兵、李倩倩、李文意、陈功和等同学为本书进行了细致的校稿工作。感谢北京市马拉松协会和泰山国际马拉松赛主办方为研究开展提供了便利条件。感谢马拉松爱好者们对马拉松运动的执着和付出，正是由于他们的执着和付出才有了马拉松运动今天的灿烂和美丽。

最后感谢首都体育学院为本研究提供的保障和支持，感谢体育教育训练学院为本书出版提供的经费支持。